「つい怒ってしまう」がなくなる

子育てのアンガーマネジメント

日本アンガーマネジメント協会理事

戸田久実

青春出版社

はじめに ——毎日忙しい中、がんばっているおかあさんへ

「もう！　いいかげんにして！」
「なんで言うことを聞かないの⁉」
「毎日、全然余裕がない‼」

私のもとには、日々たくさんのおかあさんたちの声が寄せられます。

子育てをしていると、イライラしたり、カッとなったり…と、怒りがわいてくることの連続ではないでしょうか。

とくにいまは忙しいおかあさんが増えている分、日々余裕がないという悩みも耳にします。

私自身も、働きながら子育てしてきました。

20代で出産したのですが、子どもを産む前の私は、

「子育ては、しあわせに満ちたもの」

「楽しいもの」

というあたたかなイメージをもっていました。


ところが!!! 産んでみて驚きました。

私の淡い想像を打ちこわすような、体力的にも精神的にもぐったりする毎日…。

夜は眠れない。

言うことは聞いてもらえない。

座って食事をする時間もない。

自分のためにお茶を飲む時間も、おしゃれをする時間も、ゆっくりお風呂に入る時間もない…。


まさか、**子育てが、こんなに思いどおりにいかないことの連続だとは思いませんでした。**

しかも、息子は私とはまったく違うタイプ。

宿題は忘れる。「ない」とウソをつく。

ホースをもたせたらパンツの中に放水。

「絵を描きましょう」と言ったら足に描きはじめる。

鼻水を服で拭き、鼻くそを食べる。

買ったばかりの物をすぐなくす。

言ったことはすぐに忘れる…。

もちろん、いいところもあります。やさしくて思いやりがあり、素直でユーモアがある…など、たくさん！　でも、

「本当に私のおなかから出てきたの⁉」

と思わず疑ってしまうようなこともたくさんあり、戸惑いました。


20代のころから研修などをとおして人材育成の仕事をしている私ですが、

「人を育成する仕事をしているなら、この子をちゃんと育ててみなさい」

と神様から言われているのではないかと、本気で思ったこともあります。

これがもし、きょうだいが二人、三人いたり、さらに特別な世話が必要なご家族がいるなどの状況だったりしたら、どうでしょう。その大変さを想像することすらできません。

現在、私は研修や講演などで、「アンガーマネジメント」という怒りの感情とうまく付き合うための考え方や方法をお伝えしています。

この本を手にとってくださったあなたと同じように、子育てにいろいろな葛藤を抱え、後悔と反省の連続だった私だからこそ話せるエピソードや、「こんなときには、こうしたらいいのでは？」

という解説をたくさん盛り込みました。

私たちが振りまわされてしまう「怒り」という感情は、いったいどんなものなのか。子どもや夫、家族や近しい人たちに対してカッとなってしまったとき、どうしたらいいのか。

「ウソをつかれた」「宿題をやらない」「公共の場で騒ぐ」「夫が育児に協力して

くれない」…など、よくあるイライラしてしまうシーンへの対処法や、怒りの感情を瞬時に抑える方法、親子関係がぐっとよくなる言葉のかけ方など…。

私自身も直面し、おかあさんたちからもよく寄せられる相談を厳選して取り上げています。

ぜひ、肩の力を抜いて読み進めてみてください。

忙しいおかあさんたちが日々を過ごす中で、ついわいてきてしまう怒りを感じてきたときに、少しでも明るいほうに向かえるようなヒントにしていただければ幸いです。

２０１７年９月　戸田久実

「つい怒ってしまう」がなくなる　子育てのアンガーマネジメント　もくじ

Part 1
「つい怒ってしまう」は自然な感情

Part 2 怒りの原因には親のどんな感情があるの？

Part 3
怒りをその場で解消してしまう アンガーマネジメントの方法

Part 4

今日から実践！ 怒らずに子どもに伝えるときの10のポイント

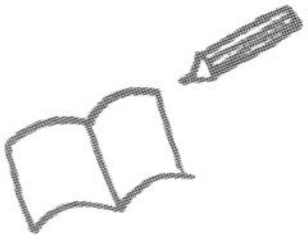

Part 5

ケース別 親子関係がぐっとよくなる「言葉がけ」

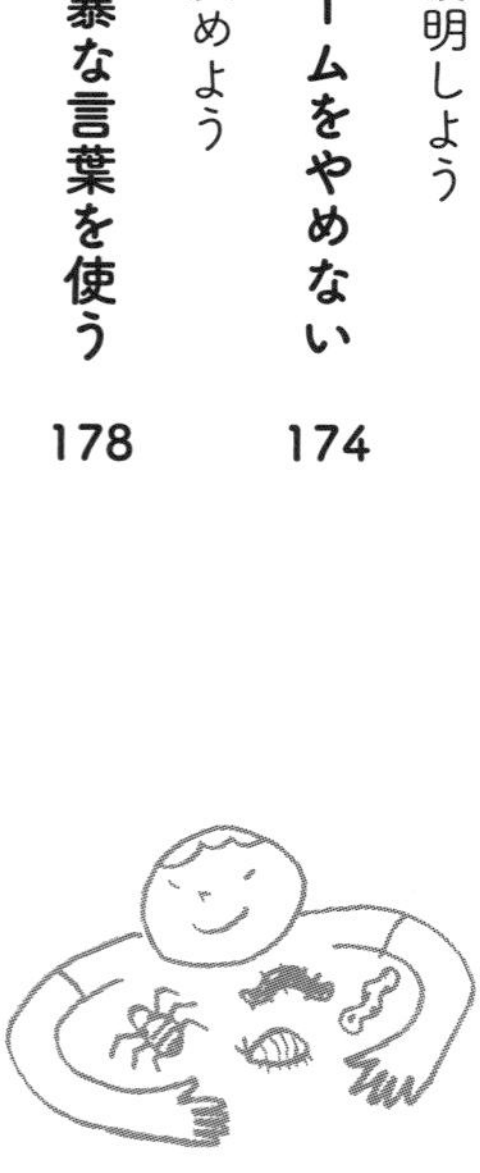

デザイン・DTP・イラスト　石山沙蘭（silas consulting）
編集協力　星野友絵（silas consulting）
小齋希美（silas consulting）

Part 1

「つい怒ってしまう」は自然な感情

なぜおかあさん、おとうさんは怒ってしまうの?

思いどおりにいかないときに、怒りはわいてくるもの

「うちの子は言うことを全然聞かない!」

「なんで何度も同じことを言わせるの!?」

「こんなこともできないの!?」


こんな気持ちがわいてくることはありませんか?

日々子育てをしていると、子どもに対して怒りがこみあげてくることがたくさんあるのではないでしょうか。

「いいかげんにしなさい!」

と怒鳴ってしまったあとで、

「また怒ってしまった…」

「なんでこんなに子どもにイライラしてしまうんだろう…」

と罪悪感にさいなまれる…。

世の多くのおかあさんやおとうさんたちが悩むところです。

私は日々さまざまな場で研修をしていますが、とくに女性を対象にした講演では、

「私は、職場の人より子どもに対してイライラしてしまうことが多いんです…」

「仕事のことなら理性が働くのに、子どものこととなると、つい感情的になってしまって…」

という相談がとても多く寄せられます。

そもそも、どうして怒りがわいてきてしまうのでしょうか。

じつは、**怒りは「こうあってほしい」という自分の思いどおりにならないときにわいてくるもの**です。

「こうしてほしいのに、なんでやってくれないの⁉」

「なんでわかってくれないの⁉」


そんなふうに思ったときに、怒りがむくむくとわき上がってくるのです。

怒りの感情は、身近な対象ほど強くなる

「怒り」の感情には、身近な対象ほど強くなるという特徴もあります。

とくに家族に対しては、職場の人や友人以上に怒りがわいてきやすいのです。


どうして身近な相手には、怒りが強くなってしまうのでしょうか。それは、

「長く一緒にいるんだから、わかってよ！」

「家族なんだから、言わなくてもわかるでしょ」

という、期待や甘えが強くなりやすいからです。

とくにおかあさんの場合は、自分の身体から子どもを出産していることもあって、わが子を分身のように錯覚してしまうこともあるのではないでしょうか。

「子どもは自分と同じことを考えるもの」

「当然、コントロールできるもの」

と、無意識のうちに期待してしまうこともありそうです。

だからこそ、

「私はあなたたちのために、こんなにしてあげているのに！」

「こんなに思っているのに、なんでわかってくれないの⁉」

という思いがわいて、腹が立ってしまうのです。


怒りはそもそも、誰もがもっているもの。

そして、とくに家族に対しては、強くわいてきてしまうものなのです。

誰もがそうだと思うと、少し気持ちがラクになりますね。

怒りを感じるのは当たり前。抑えなくてOK

怒りを感じる自分を認めてしまおう

子育てをしていると、毎日、ついイライラしてしまうことがあるでしょう。

「グズグズして、まだしたくができないの!?」
「なんでこんなに言うことを聞いてくれないんだろう！」
「ちゃんとやってよ！」
などなど…。

そんなとき、怒ってしまった自分に対して、あなたはどんな感情をもつことが多いでしょうか？

多くのおかあさんの話を聞いていると、怒りをあらわにしたあとで、

「また怒ってしまった…」

「余計なことを言っちゃったな…」

と、なんともいえない罪悪感にかられるという相談が多いのです。


どうして怒ったあとに後悔する気持ちがわいてしまうのでしょうか？

それは、**「怒ること＝よくないこと」だととらえている人が多い**からです。


怒ることについて、たくさんの人に意見を聞いてみると、

「怒るのはいけないこと」

「怒るのは大人げないこと」

「怒るのは我慢しなければいけないこと」

といった声をよく耳にします。


これは、家庭のしつけや学校などで、**「怒るのはよくないことだ」「みっともないことだ」という教育を受けてきた人が多いことが原因のひとつ**です。

だからこそ、怒りに対して、マイナスなイメージを抱いてしまうのです。

でも、そもそも**「怒り」は私たち人間にとって自然な感情**です。

「うれしい」「楽しい」「悲しい」といった感情があるのと同じように、怒りの感情も存在しています。


ですから、怒りがわいてきたとき、いつも無理にぐっと抑えたり、

「愛すべき子どもにイライラするのは母として失格」

「あ〜あ、私って大人げないなぁ…」

などと落ち込んで、自分を責める必要はないのです。

イラッとすることがあったら、まず、

「いま、私イライラしているな」

「思いどおりにならなくて余裕がないから、余計に腹が立ってるんだな」

と、怒りを感じる自分を素直に認めてしまいましょう。

とくに女性の場合は、月経のリズムでどうしてもイライラしたり、体調不良で気持ちも不安定になったりすることがあります。そんなときには
「いまは生理だし、しょうがないな。ペースをゆるめよう」
「いつもどおりにいかなくてもいいかな」
と、**完璧主義を横に置いてみるのもいいのではないでしょうか。**

怒りを感じるのは当たり前のこと。

腹が立つことがあったら、怒ってもいいのです。

「私は怒りなんて感じたことがありません」

「怒ったことがありません」

と言うほうが、かえって不自然ですよね。


ただ、これは避けたいと思うことがあります。

それは、勢いあまって怒りを爆発させたあとで、

「あんな怒り方をしなければよかった…」

と後悔するような怒り方をしてしまうこと。

そうならないためには、無理して抑えたり、カッとなって相手に気持ちをぶつけるのではなく、怒りをうまく扱えるようになることが大切なのです。

どんなときに怒りやすいのかを知っておこう

わいてきた怒りに振りまわされないためには、落ち着いているときに、「私って、どんなことで怒るんだろう」と振り返ってみるのがおすすめです。

たとえば、

「子どもが時間にルーズだとイライラする」

「お願いしたことをやってもらえていないときにカッとなる」

など、いくつかの共通点があるはずです。

そしてもうひとつ。

「私はどんな怒り方をするクセがあるんだろう」

ということも知っておきたいですね。

「カッとなると、きつい言葉を投げかけてしまう」

「物に八つ当たりをしてしまう」

「ぶつぶつイヤミを言ってしまう」

などです。


自分の怒りのクセを知っていれば、いざイライラすることが起こったときでも、

「あ、またいつもの怒り方をしているな」

「やっぱり、こんなときにイライラするところがあるんだな」

と、わいてくる怒りを冷静に受けとめることができます。そうすると、怒りを爆発させてしまって後悔するということがなくなるはずです。

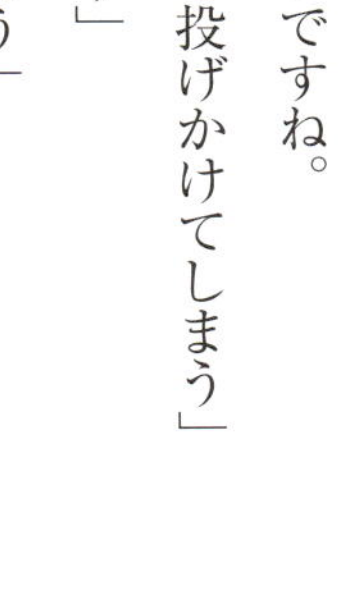

「怒ること＝ダメ」と思うのではなく、自分の怒りのクセを知って、振りまわされないようになりたいですね。

「子どもは○○すべき」と思っていない？

「私は正しい」という思い込みが原因

何かイライラする気持ちがわいてきたとき、

「こんな公共の場では、親がちゃんとすべきなのに」

「子どもは親の言うことをきくべき」

…と、「○○すべき」という言葉が出てくることがありませんか？

前述しましたが、怒りは自分の思いどおりにならないときに生まれる感情です。

「○○べき」という感情は、「こうであってほしいな」という思いを言葉にしたものです。

この「べき」には、それぞれが大事にしている価値観が表れています。

ですから、個人差があって当然のものです。たとえば、

「小学生になったら、読み書き計算は当然できるべき」

「毎日宿題には取り組むべき」

「公共の場では、人に迷惑をかけない振る舞いをすべき」

など、それぞれに思うところはあるでしょう。

私の夫は、

「おでんには牛すじを入れるべき」

と言ってゆずらないところがあります。ほかにも、

「朝ごはんは、ごはんと味噌汁であるべき」

「餃子の具は白菜でつくるべき」

「トイレの便座は閉めるべき」

など、人によってさまざまな意見があるはずです。

この**「べき」には、正解・不正解はありません。**

どんな「べき」を信じるかは、人それぞれ、自由です。

ただ、**気をつけたいのは、「私の意見は絶対に正しいのだ」と思い込んでしまうことです。「自分が正しい」と決めつけてしまうと、その価値観を、つい人にも押しつけてしまいたくなる**のです。

「10分前には待ち合わせ場所に到着しているべき」

という人と、

「2～3分ぐらい遅れても許されるべき」

という人がいたとき、お互いが自分の「べき」にこだわりすぎると、いさかいが起こってしまいますね。

とくに自分の子どもに対しては、

「親である私のほうが長く生きているし、いろいろな経験をしているから」

「親は子どもをしつけるべきなんだから」

という思いがわいてくることが多く、

「私は間違っていない。私は正しい」

という気持ちが強くなってしまうところがあります。


困ってしまうのは、**「○○すべき」と思うことが多いと、子どもがその期待にそった行動をしていないときに、イライラしてしまうことも増えてしまう**ということです。


「朝起きたら、言われなくても顔を洗って、食事をして歯磨きするべき」

「脱いだものはきちんとたたむべき」

「ズボンとパンツは別々に脱ぐべき」

「脱いだものは広げて洗濯カゴに入れるべき」

「夜寝る前にお風呂に入るべき」

など、多くを望むほど、イライラの数もどんどん増えてしまいます。


私自身にも経験があります。

とくに朝の忙しい時間に子どもにもたもたされると、

「朝は言われなくても顔を洗ってよ。脱いだものは置きっぱなしにしないで！　ほら、食事はすんだの？　忘れ物はしてないの⁉」

と、あまりにも一度にいろいろなことを言いすぎて、子どもがフリーズしてしまうことがたびたび…。

私たちが「○○べき」と思う分にはいいものの、子どもは「○○べき」などとは思っていません。

むしろ、**怒らずに伝えたほうが、子どもにわかってもらえます。**

Ｐａｒｔ４では、子どもへの具体的な伝え方を紹介していきます。

「母親（父親）はこうあるべき」という思い込みをもっている人も多い

たくさんのおかあさんの話を聞いていると、「母親として、子育てはしっかりするべき」と、自分に対して「○○するべき」と思っている人がとても多いことを感じます。振り返ると、私自身も子育て真っ只中のときには、「○○しなければ」と気負ってしまっていました。

母親の役割をしていると、自分自身が理想とする母親として抱く「べき」や、義理の親や、自分の親やまわりの人たちから言われる「べき」、育児本に「○○したほうがいい」と書いてあることから生まれる「べき」…と、さまざまな「こうであるべき」という考えに直面します。

たとえば、

- **食事は手づくりであるべき**
- **子どもの面倒はすべて母親が見るべき**
- **子どもの教育にはお金をかけてあげるべき**
- **習い事はかならずさせるべき**
- **父親も家事に協力するべき**

なかには「子どもは○歳までに△△ができるべき」という、子どもに対しての「べき」もあります。

こういった**「べき」に自分で勝手に縛られてしまうことで、子どもに対しても**

「どうして思いどおりにならないの！」と怒りが余計にわいてくることもあります。そうなると、怒ってばかりになってしまって、お互いに疲れてしまいますよね。

子育ては、パートナーや子どもとのいわば共同作業です。

思いどおりにいかないことのほうが多いので、**パートナーや子どもに対する「べき」は、本当にゆずれないことだけにしましょう。**

私が出会った中でいえば、相手に対する「べき」が3つ以下程度の人は、イライラすることが少なく、気持ちよく過ごせている印象があります。

また、**がんばり屋で完璧主義の場合は、自分に対しての「べき」も、どんどん取り払っていったほうがいい**でしょう。「できるにこしたことはない」「できなくてもいいや」ぐらいの気持ちでいるほうが、あなた自身も家族も、気持ちがラクになります。

私も、息子が幼稚園に通っていたとき、まわりのおかあさんたちが手づくりのかわいいお弁当を毎日つくっていて、「お弁当は手づくりにするべき」と思っていました。

でも、働きながらの育児だったので、どうしても手づくりだけでは難しく、買ってきたカツサンドに果物をそえてお弁当を持たせたことがありました。

少し罪悪感があったのですが、息子は大喜び！

その姿を見て、「こんな日があってもいいんだな」と感じられたことを思い出します。

「全部を完璧に」というところまで、まわりは求めていないかもしれません。

「『○○べき』と自分に課してしまうことが多くてつらいな」と感じるなら、思い切って「べき」を少なくしてしまいましょう。

子どもへのイライラが、パートナーへのイライラにすり替わることも…

「子どもがこうなってしまうのは、夫（妻）のせい」という心理

ある女性からこんな相談を受けたことがあります。

「娘が毎日レギンスとパンツを一緒に脱いで洗濯機にポイッと入れるんです。それが主人と同じクセなので、イラッときてしまうんですっ！」

ちょっとしたことでも、それが毎日続くと、

「もうっ！　いいかげんにしてよ！」

と思ってしまうことがありますよね。

その女性は、

「だいたい夫がそんなことをしているから、娘も悪い影響を受けちゃったんです

よ！」

と、娘さんへの怒りが、今度は旦那さんへの怒りへとすり替わってしまっていました。**ある人に対する怒りがほかの人にも連鎖するというのは、家族間ではよくあること**です。

こんな不満を抱く背景には、

「父親なのだから、まずは夫がお手本を見せるべき」

という心理があります。

こんな例もあります。

企業研修をしていると、複数の男性から、

「妻は片づけができません。だから娘もできないんだと思ってイライラします」

といった相談を受けます。この言葉の背景には、

「女性は片づけができて当然」

という心理が隠れています。

「息子が宿題に取り組まない。私は帰宅して食事をつくらなければいけないのに、全然自分から宿題をしようとしない。なんでやらないの⁉ だいたい夫がだらしないから、息子もだらだらしてしまうのよ！」

こんなふうに、子どもに対してのイライラが、そのままパートナーへの怒りにまでつながってしまうことはありませんか？

子どもに向けられたはずの怒りが自分に飛び火したら、パートナーは「関係ないのに八つ当たりされた…」と感じてしまいます。

一番困るのは、何も改善されずただ家族の関係が悪化してしまうこと。ひどくなると、子ども自身が親の怒り方を真似してしまうことも…。

怒りの矛先がパートナーにまで向かったら、心の中で「ストップ！」を唱えよう

子どもにイライラした瞬間に、パートナーにもイライラを向けてしまったら、

「ストップ！」

と自分に言い聞かせてみましょう。

アンガーマネジメントの対処法に、**ストップシンキング**というものがあります。

これは、**怒りがわいてきたときに心の中で「ストップ！」と言うことで怒りの気持ちをリセットする方法**です。

ストップシンキングをすると、

「ストップ！　あ、いま矛先を旦那さん（奥さん）に向けてしまった！」

「いまは子どもに注意するタイミングだった！」

と我に返ることができます。

「『先に宿題を終えて』って言ったじゃないの。だいたいね、…（ストップ！）…いまはひとまず宿題に取りかかりなさい。そしたら食事の準備をするから」

こんなふうに、余計なことを言わなくてすむようになるので、ぜひやってみてください。

父親と母親の言うことが違うと、子どもは混乱してしまう

両親の顔色をうかがったり、反発心を抱くことも…

ある中学受験塾の先生が、こんなことを言っていました。

「子どもが何よりも混乱するのは、父親と母親の言っていることが違うときです。これは受験にかぎったことではありません」

子どもについて決め事をするときに、夫婦で話し合っていないケースがとても多いようです。母親がひとりで決めてしまったり、亭主関白で父親の言うことが絶対であったり…。

こんなときに一番困ってしまうのは子どもです。たとえば、「テレビを観るのは1日1時間まで。食事のとき、テレビはつけない」

「習い事をさせるか、させないか」

「ゲームを買うか、買わないか」

「中学受験をさせるか、させないか」

など…夫婦で事前にすり合わせをしていないと、母親が勝手に甘やかしてしまったり、父親が勝手に買い与えてしまったり…ということが起こり、

「この前おとうさんはいいって言ったのに、どうしておかあさんはダメなの⁉」

と子どもは混乱してしまいます。


これが続くと、小学校低学年まででいえば、両親の顔色を気にするようになってしまったり、高学年や思春期になってくると、親に対して反発心を抱いてしまったりします。

夫婦の間で「こうあるべき」のすり合わせをしよう

子育てで決め事をするときには、短い時間でもいいので、ぜひ夫婦ですり合わせをしましょう。たとえ夫婦でも、人それぞれ価値観は違うものです。

「○○ちゃんの習い事のことなんだけど。珍しく自分からやりたいって言っているからチャレンジさせてみたいんだけど、どう思う？　月謝は1万円なんだ」

「△△くんに買うゲーム、誕生日やクリスマスのときだけがいいかなと思うんだけど、あなたの意見を教えてくれない？」


夫婦で意見が食い違ったときには、突然「それはおかしいよ」と言うのではなく、あなたがそう思う理由を伝えてみましょう。

「あなたがおもちゃを買ってあげたいのはわかるんだけど、ゲームばかりに没頭してしまうこともあるのよね」


相手に「どうしてそう思うの？」と理由を尋ねることも大切です。

二人の意見の間をとった選択もできるでしょう。

「ゲームは年に4回は買っていいとして、じゃあ、1日1時間は超えないというルールを決めない？」

相手の意見と理由を聞いて、そちらのほうがいいと思ったら、「たしかにそうよね。じゃあ、受験させるのは、もう少し待ってみようかな」などと言葉にして伝えましょう。

「子どものために…」という思いは、夫婦ともに同じはずです。どちらが正しい、間違っている…といがみ合っている場合ではありません。

夫婦のどちらかが一方的に意見を言ってばかり…という姿を子どもに見せていると、子どもが真似をしてしまうことも…。

ですから、**夫婦が意見の違いを話し合って、すり合わせる姿を子どもに見せるのも、時には大事なこと**です。人間関係は、話し合いをしながら進めていくものなんだと、子どもが親の背中を見て学ぶことができます。

子どもは親の言うとおりではなく、するとおりに育つ

いいことも悪いことも、親の真似をするのが子ども

私たちは、つい「子どもは自分の言うとおりにしてくれるものだ」と思ってしまうところがあります。

でも、残念ながら、そうはならないのです…。

私自身が子育て中だったときに参加したある勉強会で、衝撃的な言葉を耳にしました。それは、

「子どもは親の言うとおりには育ちません。親がするとおりに育つのです」

という言葉です。

息子が3歳ぐらいだったときのこと。私が息子を乗せて車を運転しているとき、前方の車がずいぶんゆっくりと走っているのを見て、ついイライラして、

「もたもたするんじゃないわよ、まったく！　もっと速く走りなさいよ」

とぼやいてしまったことがありました。

数日後、同じように息子を乗せて車を運転していたとき、前方の車がゆっくり走っているのを見て、息子が突然こんなことを言ったのです。

「もたもたするんじゃないわよ、まったく。もっと速く走りなさいよ」

3歳の子が一言一句間違えず、私が言っていた言葉を復唱する姿を見て、「あぁ…やってしまった…」と反省。

よくも悪くも、親がしている行動を、子どもは真似して育つものなのですね。

Part 2

怒りの原因には親のどんな感情があるの？

アンガーマネジメントとは？

怒りで後悔しないようになることを目指す

アンガーマネジメントとは、１９７０年代にアメリカで開発された**「怒りとうまくつき合うための心理トレーニング」**です。

アンガー
▼
怒り

マネジメント
▼
後悔しないこと

（一般社団法人日本アンガーマネジメントの定義より）

「怒ってはいけない」ということではなく、

「あんな怒り方をしなければよかった」

「あのときに、ちゃんと怒っておけばよかった」

と後悔しないようになることを目指します。


Ｐａｒｔ３でくわしく解説しますが、アンガーマネジメントを身につけて、怒る必要のあることには適切な怒り方でき、怒る必要のないことには怒らなくてすむようになりたいですね。

怒りの裏側にある感情を知っておこう

怒りは第二次感情

怒りは、ほかの感情と比べて、とても強いエネルギーをもっています。その分、「抑えられない…」ということが起こったり、**怒りの気持ちをそのまま表現すると、「つい感情的に怒鳴ってしまって、本当に伝えたいことが相手に伝わらない…」**ということが起こりがちです。

どうしたら、「抑えられない」「つい怒鳴る」という行動をやめられるのでしょうか。それには、怒りの仕組みを知っておく必要があります。

怒りは「第二次感情」といわれています。怒りの裏側には、本来わかってほしい感情である「第一次感情」があります。**「わかってもらえない」ということや、「こうあってほしい」という期待や理想が裏切られたときに、怒りは生まれます。そのときに感じる「悲しい」「悔しい」「寂しい」…といった気持ちが、怒りとなってあふれてくる**のです。


この第一次感情に自分で目を向けることができないと、本当に言いたいことに気づけないまま、

「いいかげんにしてよ！」

「もうイヤ！」

など、ただカッとなった怒りの感情だけが表に出てしまいます。


たとえば、忙しいなか一生懸命つくったごはんを、子どもが残したとします。

そんなとき、「何をやってるの!?」と怒ってしまいたくなるのですが、第一次感情に目を向けてみるとどうでしょうか。

「忙しくても栄養のあるごはんを食べてもらおうと考えて食事をつくったのに、全然わかってもらえなくて悲しい…」

という気持ちだったり、

「できることはやっているつもりだけど、子どもに乱暴な振る舞いをされると虚しくなる…」

という感情がわいてきているはずです。

そうだとすれば、必要なのは、

「おかあさん、栄養のことを考えて一生懸命ごはんをつくったから、◯◯ちゃんに食べてほしいな」

「せっかくつくったごはんを残されると、おかあさんは悲しいな」

と言うことではないでしょうか。正直な気持ちを伝えたほうが、子どもの心に響きます。

こんなふうに、**ムカッとくることが起こったとき、何に（誰に）、どんな気持ちが潜んでいるのか、言葉にするクセをつけてみましょう。**

怒りは第二次感情

心の中に感情を入れるコップがあるとイメージしよう

怒りを感じたときには、何に対しての怒りなのか、本来わかってほしい気持ちは何なのかに目を向け、それを相手に伝えるにはどうしたらいいのかを落ち着いて考えるようにしましょう。

こうすれば、怒りを大きくしなくてすむ

コントロールできること、できないことに分けてみよう

自分の思いどおりにならないときに怒りが生まれるということを、前章でお伝えしました。

ただ、世の中は自分の思いどおりにならないことが多々あるものですよね。**自分ではコントロールできないことなのに、「なんでこうなの!?」「どうして思いどおりにならないの?」と不満を抱き続けていると、怒りが倍増してしまう**ことも…。

そんなとき、わいてきた怒りを大きな怒りにしなくてすむ方法があります。それは、自分でコントロールできることとできないことを分けることです。

そして、コントロールできないことがわかったときに、

「これって、私の力ではどうにもできないことだよね」

と割り切ると、必要以上に怒りを大きくせずにすみます。

天気を例にあげてみましょう。

「なんでこんなに暑いの⁉」

「なんで遊びに行く日に限って大雨なのよ！」

とイラッとしても、どこかで「天気はどうにもならないし…」と思う自分もいて、「ま…しょうがないか」と大きな怒りにはならなかったという経験はありませんか？　それなのに、「どうしてこうなの⁉」と思い続けていると、怒りが倍増してしまうことがあります。

イラッとすることがあったときには、

「私が怒りを感じているこの状況は、自分の力でコントロールできる？　コントロールできない？」

と問いかけてみましょう。分けられるようになると、ラクになりますよ。

パターン1

なぜ子どもは言うことを聞いてくれないの？

子どもは100％コントロールできないものと割り切ろう

「子どもが思いどおりに動いてくれないんです…」

「子育てが、こんなに思いどおりにいかないものだとは…」

という相談を、とてもたくさん受けます。

この相談は、子育ての相談の中で一番と言っていいくらいよく耳にすることです。みんな、同じことで悩んでいるんですね。


私自身もそう思っていたひとりです。

「こんな子育てができたらいいな」

「こんな子に育ってくれたらいいな」

と思い描いていたものが、音を立てて崩れていくような現実でした（笑）。


「出かけようと思っていたのに、なんでさっさと着替えてくれないの⁉」

「この年齢だったらこのくらいはできるはずなのに、なんでできないの⁉」

「ほかの子はできるのに、うちの子だけできないのはどうして…？」

「学校でもらったプリントは、帰宅後にすぐに出して、って言っているのに、なんで毎回忘れるの⁉」

などなど、あげたらキリがありません…。


そもそも子どもだけではなく、自分以外の人間は思いどおりにならないもの。

それなのに、

「自分の産んだ子どもだからこそ思い通りになるのでは」

「『こうしてほしい！』とずっと言い続けたら言うことを聞いてくれるはず」

「私は親なんだから、子どもは親の言うことは聞いてくれるはず」

という思いが、つい強くなってしまうことはありませんか？

私も、当時はそれが自分の思い込みだと気づきませんでした…。

はじめての子育ての場合なら、とくに、

「どうして言うことを聞いてくれないの⁉」

と、困惑や不安、悲しさなど、第一次感情がたまってしまいますね。元気な子であれば、相手をしているだけで体力的な疲れもどっと出てしまいます。


「なんで言うことを聞いてくれないの⁉」

と思ってしまったら、答えはひとつ。

「子どもはそもそもコントロールできない」

こう割り切ってしまいましょう。

割り切ったうえで、

「私が関わり方や伝え方を工夫すれば、子どもの行動も変わるかも」

と思えるものであれば、それをすることに目を向けましょう。

そして、**「こうしてほしい」と思うことだけを、シンプルな言葉で言い続けましょう。**


「学校でプリントをもらったら、帰ってきてすぐにテーブルに出してね」

「毎日言っていることだけど、カバンはいつもここに置いてね」

こんなふうに、一度で直らなくても感情的にならずに、淡々と言い続けます。

わが家も、ずいぶん長い間、

「ごはんを食べる前に顔を洗ってね。脱いだパジャマはたたんでおいてね」

ということを言い続けてきました。


私たち**親にとっては当たり前のことでも、子どもにとって優先順位が低いことだと、つい忘れてしまう**ようです。それがわかったとき、気持ちがラクになったことを、いまでも覚えています。

私たち大人も、興味がないことは、つい忘れてしまいませんか？

それと同じだということですね（笑）。

パターン2

こんなことでは将来が心配…厳しくしなきゃ

厳しくする＝いい子になるとはかぎらない

「子どもを一人前に育てなければ」

「立派な大人にしなければ」

「将来、いい学校に行って、稼げる仕事に就いてほしい」

子どものしあわせを願う親なら、子どもの将来を考えて、

「こんなふうに成長してくれたらいいなぁ」

と思いをめぐらせることはあるはずです。


それが希望に満ちた想像の場合はいいのですが、

「子どもを一人前に育てなければ、私が親として失格だと思われるのでは…」

という、親自身の評価に対する不安を感じてしまうという声も耳にします。

とくにいまは、多くの情報があちこちから入ってくる時代です。

私が子育てをしている時代は、まだインターネット上の情報が現在ほど豊富ではありませんでしたが、それでも、

「子どもを一流に育てるには◯◯すべき」

「こういう食生活をさせるべき…」

「しつけはこうしたほうがいい…」

「親としてこうあるべき…」

など、いろいろな情報が入ってきて、私もそういった情報に惑わされてしまっていました。

結局、私の場合は仕事も忙しくて、できないことが大半でしたが…。

息子が社会人になる段階に入って、いま感じることは、「『これがいい』と言われていることをすべてしていたら立派な人になれるのかと言ったら、そうとも言え

ないなぁ…」ということです。もし子育て真っ只中だったころの私にアドバイスするとしたら、次のことをまず考えるように伝えます。

□そもそも、理想とする子どもの将来とは何なのか
□あれこれ厳しくしたら、子どもが心配のない将来を送れるのか

アンガーマネジメントには、不安を整理する方法もあります。たとえば、

「私が不安、心配に思っていることは…?」

「私が何かをしたら心配はなくなるの?」

「それは重要? それとも重要ではない?」

と振り返ってみるのです。


紙に書き出してみるのもおすすめです。書き出すことで、

「あれ? これはとくに理由なく思い込んでいただけかも」

「まわりの人の情報に惑わされているだけかも」

と冷静にとらえることができます。

ある30代の女性の話です。５歳の子どもにひらがなのワークをさせているものの、遊び書きをしてしまって、きれいな字で書かないときがあると言います。そのたびにイラッとして、「なんでいつもきれいな字で書かないの⁉」と怒ってしまうとのこと。

話を聞いてみると、「いつも」ではなく、「飽きてしまったときに」きれいに書かないことがあるようです。丁寧に書けているときには、逆にその成果に注目できていなかったことがわかりました。

そうなってしまった背景に、周囲の「小学校入学前までにひらがなが書けないとダメ」という言葉に焦ったことが関係しているようでした。そのおかあさんは、「私がまわりに流されて、勝手にハードルを高くしてしまっていただけかも。厳しくしても字をきれいに書くわけではないし、字を書くことがイヤになってしまうかもしれない」

と気づいたことで、とても気持ちがラクになったそうです。

パターン３

夫（妻）にはもっと協力してほしいのに…

妻は「察してほしい」、夫は「言ってほしい」生きもの

よく寄せられる相談に、

「夫（妻）にもっと協力してほしいのに、全然してくれないんです…」

といった声が多くあります。

「食事のしたくをしている間に子どもの宿題を見てほしいのに、夫がやってくれない…」

「私が朝食の片づけをしている間に、子どもの着替えぐらいさせておいてほしい」

「休日なのに夫は寝てばかりで、全然協力してくれない」

「妻が片づけベタで家の中が散らかっている…」

「妻が自分のことをかまってくれない」

生活を共にしていれば、数え上げるとキリがないほど不満がわいてきてしまうものです。

パートナーに対するこうした不満は、どこからくるのでしょうか。

それは、「察してほしい」「言ってほしい」という気持ちです。

とくに女性側は男性に対して、

「なんでうちの夫は、こちらがいちいち言わなければわからないの!?」

「言わなくても察してほしいのに…」

と、つい思ってしまいがちです。

ところが、**男性は察することが苦手で、どうしてほしいのか言ってもらわなければわからないという特性があります。**ですから、

「『こうしてああして』と言ってくれればいいのに」

「突然怒られても、何がなんだかわからないよ」

と食い違ってしまうのです。

相手を責めるより、どうしてほしいかを伝えよう

とくに女性側に多く見られるのですが、

「自分はこんなにやっているのに、どうして相手は…」

という気持ちを強く抱く傾向があるように感じます。

そして、怒りがつのってくると、

「どうしてあなたは気づいてくれないの⁉」

と相手を責めて、ケンカになってしまうのです。

だからといって、

「いいわよね！　○○ちゃんのおとうさんは育児にも協力的で、子どもの勉強も見てあげているし…」

といった**イヤミはNG**です。

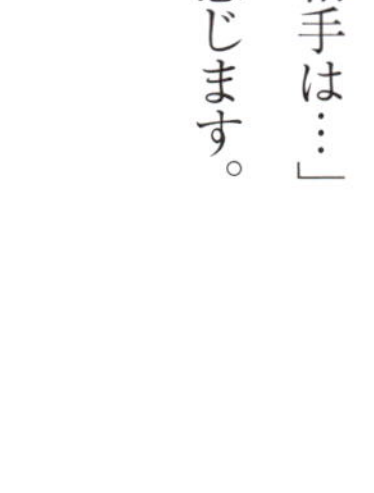

パートナーに対する怒りの気持ちがむくむくとわいてきたら、

「私、朝したくをしながら家事をするのは大変なんだ」

「子どもが勉強しないから困っているんだ」

と気持ちや状況を伝えたうえで、

「炊事とゴミ捨てぐらいはやってほしい」

「週に2日は、宿題を見てあげてほしい」

と、**「こうしてほしい」という希望を話しましょう。**


夫婦生活が長くなってくると、つい相手に過剰な期待をしてしまったり、あら探しやダメ出しをしてしまうことが多くなってしまうのかもしれませんね。

でも、**お互いが歩み寄って会話をすれば、いい方向に向かうようになります。**

「どうして察してくれないんだろう」

「言ってくれなきゃわからないよ」

という不満の応酬からは卒業して、気持ちをストレートに伝えることを習慣にしましょう。

パターン4

お友達の○○くんはもっと□□ができそう

「うちの子はこんなことができるようになった」に目を向けよう

「○○くんは、勉強を自分からするなんてえらいな」

「○○ちゃんは、ピアノがとてもうまくていいな」

「○○くんは優秀で、またトップの成績だったなんてスゴいな」


こんなふうに、ついほかの子どもと比べてしまって、自分の子どもが劣っているところが気になってしまうときもありますよね。


なかには、子どもが学校や塾のテストで100点をとってきたときも、

「よかったね。ほかに誰が100点をとったの？」

「○○ちゃんは何点だったの？」

と確認してしまう親御さんもいるそうです。

私の場合は、息子が早生まれということもあり、「同学年の子たちと比べて成長が遅いなぁ」と気になることがたくさんありました。

息子が生まれたときに、同じ学年の4月生まれの子どもたちは、もう立って歩いている状況なのですから。

当時は、身体の成長はもちろん、言葉を覚えたり、字を書いたり…「何もかもが遅いのでは？」と気になってしまいました。

それは子どもが未就園児のときに限りませんでした。どこかでずっと、「ほかの子に比べてうちの子は…」と意識してしまっている自分がいました。

いま考えてみれば、あの当時、そんなに気にすることではなかったなと思うことばかりです。

人間はどうしても不完全なところ、できていないところに注目しがちだと言われています。

そのため、できているところよりも、できていないところに目が向いて、気になってしまうのです。

ほかの子どもへの羨ましさ。

できていない自分の子どもへの不安。

もどかしさからわいてくるイライラ。

子どもを思うとおりに成長させられていない自分へのいら立ち…。

でも、まわりと比べている限り怒りが解消されることはなく、不安がふくらむばかり。人間ですから、周囲と比べることを100％なくすことはできませんが、ここはひとつ、いいところにも目を向けてみるようにしてみませんか？

人は、注目されたところが、より強化されると言われています。

たとえば、

「○○くんはのろまだよね」

「○○ちゃんは、歌が下手だよね」

と言われると、「そうか、そうなんだ」と思い込んでしまいます。逆に、

「□□ちゃんは絵を描くのが上手ね」

「△△くんは、妹や弟の世話をよく見てくれるよね」

といいことを言われた場合も、「そうなんだ。わたし（ぼく）はちゃんとできているんだ。じゃあもっとがんばろう」と、いいところをもっと伸ばそうとします。


子育てをしていると、つい気になってしまうところが出てきてしまいますが、

「今日はこれができるようになった」

「○○をがんばったんだ」

と、**子どものいいところに目を向けてみる習慣をもつようにしたいですね。**


それには、親である私たち自身が、自分に対して、

「今日は○○をがんばった」

「今日はこんなことができた」

と、いいところを認めるクセをつけておくといいかもしれませんね。

パターン5

子育てなんてつらいことばかり…独身の○○さんが羨ましい

「ハッピーログ」を書いてみよう

となりの芝生は青く見えるもの。

子育て中は、思っていた以上にいろいろなことが自分の思いどおりにならないものですね。時間も自由になりません。

とくに子どもが小さいうちは、私も子どものことばかり優先して、自分のことはあとまわしでした。

食事はもちろん、本を読むこと、お風呂に入ることもゆっくり時間をとれず、子連れの場合は、出かけたいところも制限されてしまいます。

私も、息子が小さいころは髪をセットしている時間もなかったため、ショートカットにしたり、カチューシャでまとめていた時期もありました。

服装も、おしゃれなものより動きやすいものを選んでいました。

「スカートがはきたい！　でも動きやすいパンツじゃないと…。息子を追いかけて走れないし…」

自分の好きなように時間を過ごしたり、おしゃれをしたり、お金を使っていた独身のころとのギャップは想像以上でした。

私が子育て真っ只中だった当時はまだ独身だった友人も多くいたので、彼女たちが素敵なカフェやレストランに行ったり、習い事をしたり、気ままに旅行に出かける姿が、キラキラ輝いているように見えてしまうこともありました。

研修や講演でも、

「ＳＮＳで独身の友人たちのキラキラライフが目に入ってきて、『あ～…なんで私は我慢ばかり…』とイラッとしてしまうんです」

という相談を受けることがあります。

そして、独身の友人に嫉妬している自分に気づき、またイライラしてしまう。そのイライラで不機嫌になり、その結果、「あなたのためにこんなに大変な思いをしているのに！」と子どもに八つ当たり…。

こんなことを繰り返していると、本当にイヤになってしまいますね。

でも、反対に独身女性は、逆に子育てしている女性を羨ましく思うという声もあります。

SNSや年賀状で子どもの写真を見ると、しあわせそうな姿にイラッとしてしまったり、これ見よがしにしあわせアピールをしている感じでイヤだという人もいます。

人はどこかで、ないものねだりをしてしまうものなんですね。

こんなときには、ぜひ「ハッピーログ」を書いてみましょう。

ハッピーログとは、何気ない日常で「しあわせ」「よかった」「ラッキー」と思うことを記録していくという方法です。

「え？　こんなこと？」と思うような小さなことでいいのです。たとえば、

「今朝はお天気で、空気が気持ちよかった」

「早起きして、おいしいコーヒーをゆったりと飲むことができた」

「デパ地下で、お気に入りのスイーツを見つけることができた」

「休日にみんなでゆったりと過ごせた」

「仕事を早く切り上げて、ゆったりお散歩しながらお迎えに行けた」


書き出してみると、「私って意外としあわせなんだ」と思うことができます。

やってみた人たちからは、「ちょっとイラッとすることも、気にならなくなりました」という声もたくさん上がってきています。


日常のいいこと探しができるようになると、自然に足りないところより、いいことをとらえる目が養われます。

周囲と比べることも減ってくるのでおすすめです。

パターン6

仕事が大変で、子育てをゆっくりする余裕なんて…

「アクセル全開でいられない時期もある」ととらえてみよう

「ただいま」と仕事から帰ったら、「宿題やったの〜？」と聞きながら食事のしたくをし、

「ごはんができたよ〜。早く食べてね」

「明日の準備は？」

「早くお風呂に入ってね」

「もう寝る時間だよ。早く寝てね！」

子どもが寝たあとが、ようやく自分の時間…。

「ふ〜。明日の仕事の準備をしなきゃ」

「あ、資料をつくらなければいけなかった…」

「いまのうちに家事もしておかなければ…」

と思っていたら、あっという間に深夜に。そして翌朝も朝からバタバタ！


育児と仕事の両立に追われていた私の日常は、こんな感じでした。

忙しいおかあさんたちは、毎日時間に追われていますよね。


「子育ても仕事も、どちらも余裕なんてないんです！」

という働くママたちの悲痛な声を、これまでにどれだけ聞いたか思い出せないほどです。


「仕事でなかなか一緒に過ごせない分、子どもとゆっくり話したり、過ごしたりしたいと思うのですが、ついついイライラして怒ってしまう自分がいます」

「育休から復帰しても、全力で仕事にエネルギーを注げないことにイライラしてしまいます。本来のパフォーマンスが発揮できていないような気がして…」

「時短勤務で、働ける時間に限りがあります。出産前はもっと仕事に時間が割けたのに…という歯がゆさを、いつも感じています」

「時短勤務をしていることで、周囲の人にも負担をかけてしまっているのでは…という申し訳ない気持ちがわいてしまうんです…」


数え上げればキリがないほど、働くおかあさんの悩みはたくさんあります。

「子育てと仕事。どちらも私は中途半端になっているのではないか…」

そこからわいてくる怒りが、自分や子ども、夫に向いてしまうことがある人も多いと聞きます。


でも、声を大にして言います。

悩んでいるのは、みんな同じです。すべてを完璧にやりとげるなんてありえません。

中途半端ではない、できる限りのことを一生懸命にがんばっている自分を認めてあげましょう。そして、できているところにぜひ目を向けるようにしましょう。

私の場合、

「母親が働いていると、子どもが寂しい思いをしてかわいそう」

「母親が家でちゃんと勉強を見る時間がないと、子どもの学力が落ちるわよ」

と、周囲のママ友から言われて傷ついたことがありました。


こんなふうに、気になることを言われたことがさらなるイライラを生んでしまうことも…。そんなときには、**相手の「べき」に振りまわされないようにしましょう。**


「母親が働いていると、本当に子どもは寂しいの？」

「母親が家で勉強を見る時間がないと、子どもの学力は落ちる？」

「それは絶対？」

「１００パーセント？」

と、ぜひ自分に問いかけてみてほしいのです。


相手が言う「べき」は、かならずしも正しいとは限りません。

価値観の違いがあって当然のことです。それに惑わされないようにしましょう。

「なんであんなこと言われなくてはいけないの⁉」

と相手に対しての怒りを増幅させたり、

「やっぱり私が働いているのがいけないのかな…？」と自分を責めたりせず、

「私にできることは何？」

「どうしたらいい？」

という解決志向で考えましょう。


いまが大変でも、ずっとこの状態が続くわけではありません。

子どもが成長したら、手がかかることも少なくなります。

仕事にアクセル全開で取り組めないときもあります。

長〜い人生を考えたとき、こういう大変な時期もあるものです。

いまは大変だけど…

おわらないー!!!
コラーッ!!

とにかく必死な毎日だけど

子どもがもう少し成長したら、またがんばればいいや

焦ったら未来に思いをめぐらせよう

パターン7

怒ってばかりいる私は親として失格かも…

イライラするのは、愛している証拠

「愛すべき子どもに対して、こんなにイライラしている私は親として失格かも」

アンガーマネジメントの研修をしていると、多くのおかあさんたちからこんなことを言われます。

そんなとき、私はいつもこう答えます。

「愛すべき子どものことだから、親だからイライラするのです」

無関心な相手だったら、必要以上にはイライラしないはずです。

私自身も、夜に子どもの寝顔を見て「ごめんね…」と頭をなでながら、何度反省したかわかりません。

「親として失格なのでは…」

と自己嫌悪に陥ったことも、数え切れないほどあります。

息子が小学6年生のとき、

「おかあさん、ボクが眠っているときに、よく『大好きなのにね、言いすぎたね。ごめんね…』って頭をなでてくれていたよね」

と言われたことがありました。

聞いていたとは知らなくて驚いたことを、いまでも思い出します。


子どもも、完璧な親を求めているわけではなくて、思っている以上にわかってくれているのかもしれませんね。

ですから、「親として失格だ」なんて思わなくていいのです。

もし、怒りすぎたなぁ、言いすぎたなぁと思ったときには、素直に謝ってしまいましょう。

「さっきはおかあさん言いすぎちゃった。ごめんね」
なるべくその日のうちに謝れば、わだかまりもなくなります。

自分を責め続けることだけはやめてください。**責めたら、責めた分だけ自分自身への怒りも強くなり、それが新たな怒りを生んでしまいます。**

些細なことに過敏になってしまったり、パートナーや子どもに八つ当たりしたりしてしまうこともあるでしょう。そうなると、あなただけでなく、まわりの大切な人たちも苦しい思いをすることに…。できればそれは避けたいことですよね。

もし親としての自分に自信がもてなくなってしまったときには、先輩ママに相談したり、ママたちが集まるような、地域のサークルに参加してみるのもいいかもしれません。地方自治体が主催している講座もありますから、足を運んでみてはいかがでしょうか。

ひとりで抱え込んで自分を責める習慣から、卒業できるきっかけになりますよ。

子どもはわかってくれる

言いすぎたときには素直に謝ろう

Part 3

怒りをその場で解消してしまうアンガーマネジメントの方法

アンガーマネジメントのトレーニング

できることから取り組んでみよう

アンガーマネジメントを身につける方法には、「対処術」と「体質改善」の2つがあります。次項からひとつずつ説明していきますが、まずはザッと見ていきましょう。

対処術

怒りにまかせた行動をしないため、6秒やり過ごすことができるテクニック。どんなに強い怒りでも、ピークは6秒といわれています。その方法には次のようなものがあります。

- **対処術1　怒りを数値化する**―スケールテクニック
- **対処術2　その場から離れる**―タイムアウト

● **対処術3　数を数える**──カウントバック
● **対処術4　深呼吸をする**──呼吸リラクゼーション
● **対処術5　心が落ち着くフレーズを唱える**──コーピングマントラ

体質改善

怒りにくくするための長期的な取り組みのこと。アンガーマネジメントは心理トレーニングです。

● **体質改善1　怒りを記録する**──アンガーログ
● **体質改善2　「○○べき」を洗い出す**──べきログ
● **体質改善3　ストレスを書き出す**──ストレスログ
● **体質改善4　よかったことを書き出す**──ハッピーログ

対処術と体質改善に日々意識して取り組むことで身につき、怒りの感情とうまくつき合えるようになります。

少しずつでも、できるところから取り組みましょう。

対処術1

怒りを数値化する

――スケールテクニック

怒りに振りまわされる理由のひとつに、「怒りは目に見えず、つかみどころがないから」ということがあります。そんなとき、**目に見えないものを数値化すれば、自分がどれくらい怒っているのかを冷静に把握できる**ようになります。

たとえば、気温の場合でも「夏のような暑さです」と言われるよりも「最高気温は35度です」と言われたほうが、どのくらいの暑さなのかがイメージできますし、どんな対処をしたらいいかはっきりしますね。

体温も「熱っぽいな…」というよりも、体温計で計ったほうが、どんな状態なのか正確にわかりますし、37度のときと39度のときでは、必要な処置も変わってきます。

また、**点数をつけることに意識を向けると冷静になれるので、感情的に怒るのを防ぐことができます。**

イラッとすることがあったときには、ぜひ点数をつけてみましょう。

例

子どもがパジャマを脱ぎっぱなし　2点

夫が子どもとテレビゲームに夢中になっていてやめようとしない　5点

つくった食事に、夫が無言でソースをたくさんかける　3点

子どもに注意をしたら「うるせー！」と反抗的な態度をとった　4点

対処術 2

その場から離れる

――タイムアウト

家族間で言い合いになったときは、家というプライベートな場だからこそ、つい感情的に言いすぎてしまったり、とまらなくなってしまうことはありませんか？

家族という身近な相手だからこそ、「引くに引けずに打ち負かしたくなってしまう…」という人の話も聞きます。

「このままだと感情をコントロールできなくなってしまう…」と思ったら、**その場を離れて、いったんリセット**する方法があります。

それが、タイムアウトです。

スポーツの試合中、タイムをとった後にまたゲームが再開されるのと同じように、このタイムアウトにも再開があります。ですから、その場を離れるときに、

「ちょっとトイレに行ってくる」

「水を飲んでくるわ」

などと言って、かならず戻ってくることを伝えましょう。

そして**離れたときに深呼吸、ストレッチなど気分が落ち着くことをしましょう。**

大声で叫んだり、ゴミ箱を蹴ったり…と、何かに八つ当たりしたり興奮状態にならないようにしたいですね。

対処術3

数を数える

――カウントバック

「ムカッ」とする出来事が起こったときに、**頭の中で数を数えて、気持ちを落ち着かせる方法**があります。このテクニックをカウントバックといいます。

カウントバックの数え方にはコツがあり、1、2、3…と数えるのではなく、少し頭を使わなければ数えられない数え方にするのがおすすめです。

たとえば、100から3ずつ引き算をし、100、97、94…というように3ずつ引きながら数えてみると…どうでしょう。少し頭を使いませんか？

1、2、3…という数え方の場合、日頃数え慣れている分、怒りながらでも数えることができてしまいますが、**ちょっと考えなければならない数え方のほうが、怒りにまかせた行動をしにくくなります。**

それでも頭で考えなくても数えられそうなら、カウントの仕方を変えましょう。１００、96、92、88、84…と、４ずつ引いていったりして、いろいろな数え方を試してみるといいですよ。

つけっぱなし!!
100、97、94…
ふたりとも、テレビをつけっぱなしよ。消してベッドで寝てね

対処術4

深呼吸をする

――呼吸リラクゼーション

怒りを感じたとき、カーッと頭に血がのぼったり、興奮状態になってしまったりしませんか？　あまりにもムカッとしていると、怒りで手が震えてきてしまったり、呼吸が浅くなってしまったり…。身体に影響が出てしまうこともあるかもしれません。

怒ると自律神経が乱れるともいわれています。そこで、**怒りを感じたとき、ゆっくり腹式呼吸をして気持ちを落ち着かせる**のもおすすめです。アンガーマネジメントでは呼吸リラクゼーションと呼んでいます。

鼻から息を吸い、口から静かに息を吐きます。

4秒ほどで吸い、8秒ほどかけて吐き出すぐらい（1回の呼吸に10～15秒間）がいいでしょう。時間はおおよそでかまいません。

ゆったり時間をかけたほうが、リラックスしやすくなります。

これを2～3回繰り返すと、身体の緊張がほぐれて、気持ちをリラックスさせることができます。このとき、**呼吸することに集中していると、怒りがおさまりやすくなります。**

対処術5

心が落ち着くフレーズを唱える

──コーピングマントラ

人からカチンとくることをされたとき、心が落ち着くフレーズを唱えると、怒りが落ち着いてきます。それがコーピングマントラです。

怒りを感じたときに、すぐに唱えることができるよう、フレーズは事前に用意しておきます。

言葉は、あなたの心が落ち着くものであれば、何でもかまいません。

「ま、いいか」

「大丈夫、大丈夫」

「なんてことないさ」

という言葉でもいいですし、かわいがっているペットの名前や、好きな芸能人の名前を唱えるのもいいでしょう。

過去には、

「テクマクマヤコン」

という呪文のようなフレーズで気持ちを落ち着かせる男性もいました。

あなた自身がピンとくるフレーズを選んでみてください。

体質改善 1

怒りを記録する

――アンガーログ

アンガーマネジメントができるようになるために、ぜひ取り組んでほしいのがアンガーログです。怒りを感じた出来事を書き出してみるという方法です。

怒りを感じた出来事を書き出すことで、怒りと冷静に向き合うことができ、どんなことに怒りを感じやすいのかがわかってきます。

できれば怒りを感じた直後や、その日のうちに記録しましょう。

専用のノートをつくってもいいですし、スケジュール帳に書いてもかまいません。スマートフォンのメモ機能を使う手もあります。

ただ、気分が沈みがちのときにはおすすめしません。書きながら落ち込んでしまうこともあるので、冷静でいられるときに取り組みましょう。

書く項目

事例1

- 日付　3月○日
- 場所　自宅
- 出来事　夕飯でカレーライスをつくったら「今日はこれだけ？　普通、サラダがあるよね」と夫が言った
- 思ったこと　日々の食事の仕度は大変なのに。「ありがとう」くらい言ってもいいんじゃない？
- 怒りの強さ　4

事例2

- 日付　4月○日
- 場所　自宅
- 出来事　小学5年生になる息子が、夜になって「そういえば…明日このプリントの返事を持っていかなくちゃいけなかったんだ」と3日前にもらった父母会の通知を出した。
- 思ったこと　「前日の夜になって言わないでよ。もらったその日に出すべきでしょ」
- 怒りの強さ　3

体質改善２

「○○べき」を洗い出す

――べきログ

Ｐａｒｔ1でもご紹介しましたが、怒りは自分の「○○であるべき」という思いがそのとおりにならなかったときに生まれます。

その分、あなた自身の**「べき」を書き出すことで、どんな場面で怒りを感じやすいのかもわかるようになります。**この「○○べき」を洗い出す方法を「べきログ」といいます。

「○○であるべき」を書き出したら、あなたにとっての重要度合いを1から10までの数字でつけてみましょう。数字をつけることで、どんなことにどれくらい怒りを感じやすいのかがわかりやすくなります。

べきログ

自分のべき	低 ← 重要度 → 高
朝は起こされなくても自分で起きるべき	1 2 3 4 5 6 7 (8) 9 10
リモコンは決められた場所に置くべき	1 2 3 4 5 (6) 7 8 9 10
電車は降りる人が先に降りてから乗るべき	1 2 3 4 5 6 (7) 8 9 10
小学生は21時までに寝るべき	1 2 3 4 5 6 7 8 (9) 10
観ていないテレビは消すべき	1 2 3 4 (5) 6 7 8 9 10
バスに乗るときは、ICカードか小銭を用意しておくべき	1 2 3 (4) 5 6 7 8 9 10

体質改善3

ストレスを書き出す

――ストレスログ

世の中にはいくら「〇〇であるべき」と思っても、自分の力ではどうにもならないことがあります。それに対して「なんで⁉　どうして⁉」と思い続けると、さらに怒りが生まれてストレスになってしまうことも…。

「イライラすることが多いな」と感じるなら、その原因となっていることを書き出すのがおすすめです。この方法をストレスログといいます。

イライラしていることが、自分の力で「変えられるのか、変えられないのか」「重要なのか、重要ではないのか」という、4つのブロックに振り分けて見える化します。どこに入れるかはあなた自身の判断でかまいません。**振り分けてみると、余計なイライラがなくなり、どう行動すればいいのかがわかる**ようになります。

ストレスログ

変えられる	変えられない
重要 例)夫が家事を手伝わない →週末に自宅で話す。週２回の洗濯かお風呂掃除を手伝ってほしいと言う ●いますぐできる行動をする ●いつまでに、どの程度変わったら気がすむのかを決める ●解消するために、自分がどう行動すればいいかを決める	**重要** 例)キャンプに出かける日に大雨 →雨でもOKなところに行き先を変更 例) ３歳の子どもが朝食を食べるペースが遅い →食べやすく小さいおにぎりにする ●変えられない現実を受け入れる ●いまできる行動を探す
重要ではない 例)部屋が片づいていない →次の３連休初日に寝室を片づける、翌日にリビングを片づける ●余力があるときに取り組めばいい ●いつまでに、どの程度変わったら気がすむのかを決める ●解消するために、自分がどう行動すればいいかを決める	**重要ではない** 例)妻のグチ →聞き流す 例)コンビニの店員の態度が悪い →そそくさと買い物を終える ●放っておく ●気にしない

注) 変えられない・重要」のブロックに当てはまることは、「我慢すべき」ということではありません。「我慢した」と受けとめると新たな怒りがわくため、まわりを変えようとせず、自分ができることに目を向けて動くと◎。

体質改善4

よかったことを書き出す

――ハッピーログ

日々イライラすることもあるけれど、「よかった！」「うれしい！」「ラッキー！」「ホッとした！」と思うことだってあるはずです。

Part 2でもご紹介しましたが、**日々「ハッピー！」と感じることを書き出してみる方法**を、ハッピーログといいます。これを続けていると、**些細なことにもしあわせを感じることができるようになります。**

「ハッピーログを実践するようになってから、毎日の当たり前のことにしあわせを感じることができるようになってイライラが減りました」

という声をよく耳にします。

ハッピーログの例

- 夫がコーヒーをいれてくれた
- 夫がお風呂とトイレ掃除を手伝ってくれた
- 子どもが食事のときに「おいしい！」と喜んでくれた
- 子どもの担任から、学校で友人の面倒見がいいことを聞いた
- 新しくお気に入りのリップを買えた
- 週末にマッサージに行って気持ちよかった
- 食事を少し減らしたら、体重が1キロ減った
- 職場の後輩から、「お礼に」と高級チョコレートをもらった

書き方は自由です。ノートでもスマートフォンのメモ機能でもいいので、書きやすいものにメモしましょう。本当に、日々が満たされるようになりますよ。

Part 4

今日から実践！怒らずに子どもに伝えるときの10のポイント

1 私たち親も不完全であることを認める

「私も不完全」と認めたほうが、家族にもやさしくできる

Ｐａｒｔ１でもお話ししましたが、人に対しても、出来事に対しても、自分に対しても、私たちは、つい人の不完全なところに目を向けてしまいがちです。

なかでも、**自分と近い存在である子どもや夫、家族には厳しくなってしまいやすい**ですね。

たとえば、子どもに対しては…、

「もっと勉強ができればいいのに」

「もっとスポーツ万能ならいいのに」

「もっとかわいかったらいいのに」

「もっと素直であればいいのに」

「人見知りしない子であってほしいのに」

という**理想と現実とのギャップに悲しくなったり、失敗したときにも厳しくしてしまったりします。**

夫に対しても…、

「もっと家事を手伝ってくれたらいいのに」

「料理くらいできればいいのに」

「メタボの体型が気になる！　もっとスリムになってよ」

「もっと稼ぎがよければいいのに」

「休日にひとりで趣味に出かけるなんて、信じられない」

…などなど、あげたらキリがありません。


こんなふうに、子どもや夫のいろいろなことが目についてしまうとしたら、少し振り返ってみてください。あなた自身にも厳しい目をもっていませんか？

Part2の71ページでもお伝えしましたが、誰でも不完全なところはあるものです。

それは親である私たち自身も同じこと。

私たちにもできないことがありますし、失敗することもあります。

ただ、だからといって、人間としての価値が下がることはありません。

「できないところがあるところも含めて、私なんだ。それでいいんだ」と、不完全な自分を受け入れてしまいましょう。

親である私たち自身が自分を受け入れることができないと、子どもや夫のことも、心から認めることができなくなってしまうからです。

「私と同じように、子どもにも（夫にも）できないことがあるな」

という目をもっていれば、子どもが起こすイライラ行動や夫の言動にも、少しやさしい目をもつことができるはずです。そのうえで、「こうしてほしいな」とお願いするようにしましょう。

「忘れ物をしないようにチェックしようね。誰かに借りると迷惑をかけるから」

「テストで点数がとれるよう、今度は前もって計画を立てて勉強しようね」

「学校の宿題は、おかあさんが言う前にやろうね」

こんなふうに伝えて、理想を押しつけたり、失敗を責め立てたりしないほうが、子どもの心にすっと伝わります。


あるベテランの先生が、こんなことをおっしゃっていました。

「子どもに新たな習慣を身につけさせるには、意識して行動することを300回繰り返さなければいけないんですよ」


300回と言われると気が遠くなりそうですが…、

「言ったらすぐに直るもの」

と思わないほうがいいようです。

日々の当たり前の声がけだと思って言うぐらいにしてしまいましょう。

これはパートナーに対しても、同じことですね（笑）。

2 目先のことばかりにとらわれない

数年後にはできるようになっているから大丈夫

はじめての子育ての場合、とくに目先のことにとらわれてしまうのではないでしょうか。

細かいことをあげたらキリがないくらい、いろいろなことが気になります。

いま思えば、私もいろいろなことにとらわれていて、できること、できないことにいちいち一喜一憂していたのを思い出します。

多少の遅れはあっても、冷静に考えればいつかはできるようになることばかりなのですが、なぜかそのころは、「この時期にできないといけない」というような錯覚に陥っていました。

もっと長い目で見ればよかったなぁと思います。

東北大学加齢医学研究所教授の瀧靖之《たきやすゆき》先生と、あるセミナーで一緒に登壇した際に、こんなことを伺いました。

「中学受験は子どもにとってひとつの通過点です。大切なことは、明確な目標を常に考えること。半年に一回でも子どもに夢を考えさせること。明確な夢の実現に向けて、いまをがんばることが重要なのです」

子どもに何かできないことがあっても、

「これは通過点。いつかはできるようになる。こだわらなくて大丈夫」

ととらえましょう。すぐにはできなくても、成長する過程できちんと身につけていきますから、大丈夫です。

働きながら2歳の娘さんを保育園に通わせているあるおかあさんから、こんな相談を受けたことがありました。

「朝は何かと忙しいから、保育園に間に合うように、早く朝ごはんを食べてほしいし、ちゃんとお箸も使えるようになってほしいんです。でもなかなかうまく使えなくて、もたもた食べている子どもに腹が立ってきます…。それでつい、朝から怒鳴ってしまうこともあって…」

イライラして怒鳴ったら、子どもは焦ってさらにお箸を使えなくなってしまって、ますますイライラ…ということが続いていた様子。

そのとき、私はこんなふうにアドバイスしました。

「お箸のことは、まだ2歳だから心配する必要はないですよ。『いつかはお箸を使えるようになる』とゆったりかまえていていいのでは？　夕食のときや休日のゆっくり食事ができるときに教えてみたらどうでしょう。それより、朝ごはんをスムーズに食べられるように、何か工夫できることはないですか？」

そのおかあさんは、まずは保育園に間に合うように、朝はごはんを食べやすくて小さいおにぎりサイズにすることに。その結果、娘さんは食べるのも早くなり、怒らずに保育園に連れて行けるようになったそうです。

目の前のことにイラッとしたら、ぜひ次のことを意識してみましょう。

- **どうすればできるようになるかを考える**
- **いつかはできるようになる、ととらえる**
- **どんなふうにできるようにしてあげたらいいのかを考える**
- **子どもと一緒に「こうなったらいいね」「こんな大人になりたいよね」という未来を話してみる**

仕事をしているおかあさんなら、いままで当たり前にできていた仕事がスムーズにできなくなるというジレンマを感じることもあるでしょう。

そんなときも、**目先にとらわれず、遠い目で見ればいい**のです。

「いまはこれでOK。○年先にはできるようになっている」

そう考えたほうが、子どもものびのびと成長できます。

3 気分によって言うことを変えない

怒ることと怒らないことの境界線を決めておく

機嫌がいいときには、鼻歌を歌いながら子どもの脱ぎっぱなしの服を片づけるのに、機嫌が悪いときには、

「なんでこんなところに脱ぎっぱなしの服を置くの!?」

と子どもに怒鳴る。

こんなことはありませんか？

子どもが同じことをしても、**気分によってコロコロと振る舞いを変えていると、子どもは、親が機嫌がいいのか悪いのかということにしか注目しなくなり**、肝心の「脱いだ服は洗濯カゴに入れてほしい」ということが伝わらなくなってしまいます。

さらに、**子どもが親の顔色ばかりうかがうようになったり、親に対して反発心を抱いてしまうことも**…。

気分によって言うことを変えないためには、怒るか怒らないかの判断を、次の三重丸に当てはめて考えてみませんか？

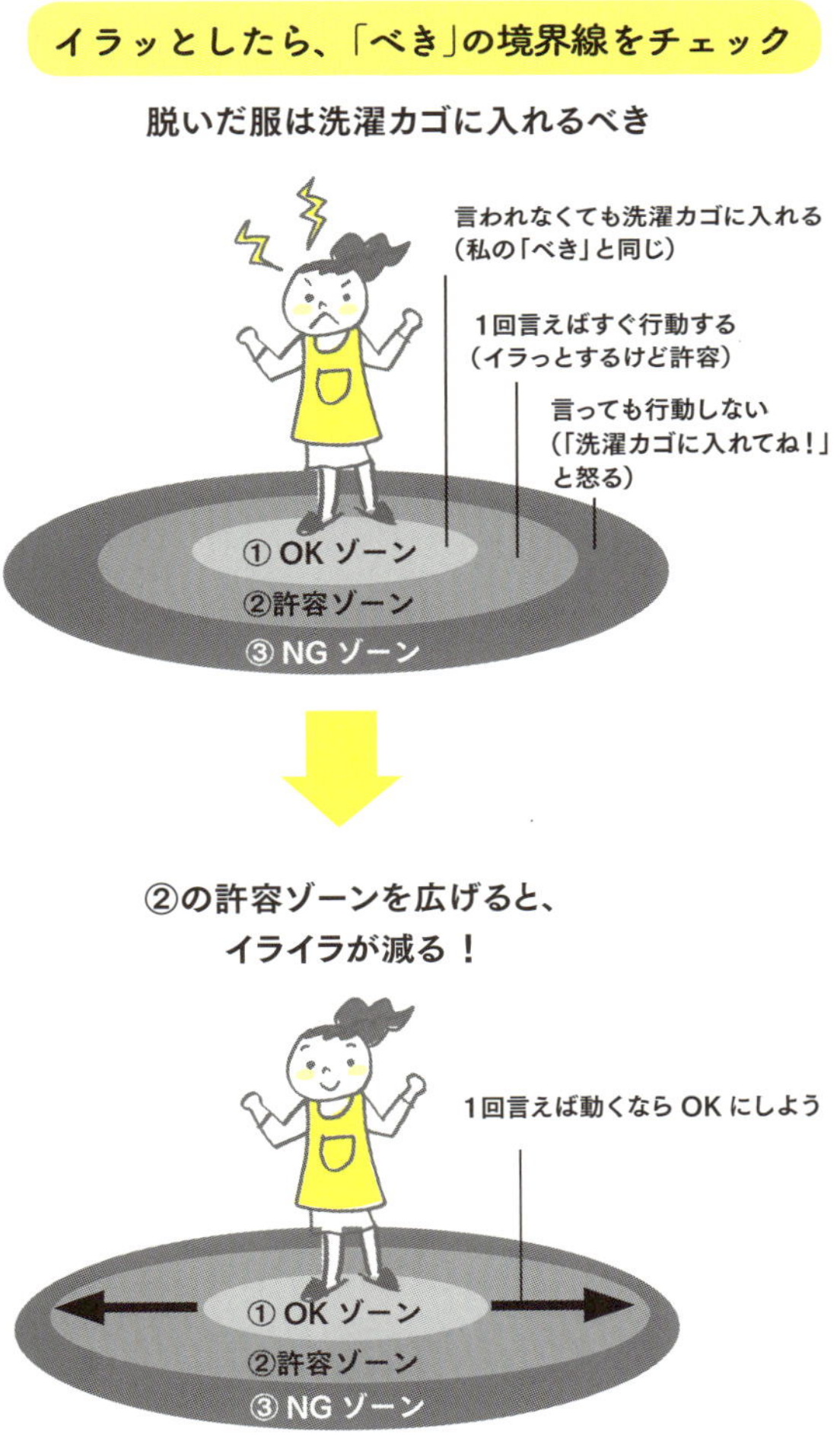
イラッとしたら、「べき」の境界線をチェック
脱いだ服は洗濯カゴに入れるべき
言われなくても洗濯カゴに入れる
（私の「べき」と同じ）
1回言えばすぐ行動する
（イラっとするけど許容）
言っても行動しない
（「洗濯カゴに入れてね！」
と怒る）
① OK ゾーン
②許容ゾーン
③ NG ゾーン
②の許容ゾーンを広げると、
イライラが減る！
1回言えば動くなら OK にしよう
① OK ゾーン
②許容ゾーン
③ NG ゾーン

「脱いだ服は洗濯カゴに入れるべき」ということを三重丸に振り分けてみるとどうでしょうか。

1　言われなくても洗濯カゴに入れる…OK。何も言わない
2　せめて「洗濯ものはカゴに入れてね」と1回言ったらすぐに行動する…怒らない
3　1回言っても行動しない…「一度言ったら洗濯ものはカゴに入れなさい」と怒る

たとえばこう振り分けてみたとしたら、**OKなこと、NGなことを子どもに伝えておく**ようにしましょう。

「脱いだ服は、言われなくても洗濯カゴに入れておいてね。せめて1回注意したら入れるようにしてね。何回言っても入れなかったら怒るからね」

食器の片づけの場合

1　食後は、食器を台所の流しに下げて水につけておく…OK。何も言わない
2　せめて器を下げるだけはする…「水につけておいてね」とだけ言う
3　食後、テーブルの上に置きっぱなし…「流しに下げて水につけておいて」と怒る

宿題の場合

1　学校から帰ってきたらすぐにした…OK。何も言わない
2　夕食後、言ったらなんとかやり始めた…「明日は学校から帰ったらすぐやろうね」と言う
3　夕食後もやらない…「学校から帰ったらすぐやってほしい」と怒る

このように、子どもに対してよくイライラしてしまうことを、三重丸に当てはめてみるのがおすすめです。基準をもっておいたほうが、私たち親も忘れずにすむので、子どもが戸惑うこともなくなります。

前章でもお伝えしたように、できれば**おとうさんとおかあさんの間で、怒る・怒らないの境界線をすり合わせておくようにしたい**ですね。

4 子どもにはとにかく具体的に指示する

どうしてほしいかをひと言で伝える

イラッとすると、そのときの感情をついぶつけてしまいがちです。

でも、**残念ながら、それでは子どもには伝わりません。**

してほしくないことを子どもがしたとき、言ってはいけないのは次のような言葉です。

×「も〜、イヤだ！」
×「何をやってるのよ！」
×「まったく！　も〜！」

これでは、何をどうすればいいかがわからないからです。

あるおかあさんの話です。

息子2人（中学生、高校生）は、帰宅するなりズボンをリビングに脱ぎっぱなしにするのでイラッとする。

おかあさんはきれい好きなので脱ぎっぱなしにするのが気になり、見つけるとすぐに洗濯カゴに片づける。

そのたびに、「も〜！ 何よこれ‼」と怒る。でも、いっこうにこの行動は直らない。息子たちには「おかあさんがまた怒っている…」としか伝わっていない様子。

このおかあさんから相談を受けて、私は「『こうしてほしい』と、とにかく具体的に指示してみては？」とアドバイスしました。それからは、

「リビングに脱ぎっぱなしにしないでほしいのよ。そのたびにおかあさんが片づけ

ているけど、けっこう大変なの。脱いだものは洗濯カゴに入れてね」と言うようにしたところ、洗濯カゴに入れることが増えたとのこと。

このように、**具体的にどうしてほしいのかを言ってもらえたら、子どもは動きやすくなります。**

子どもがひじをついてごはんを食べているとき

×「ほら！　ひじ！」

○「ごはんのときは、ひじをつかないで食べてね」

靴を脱ぎっぱなしでそろえないとき

×「くつ！」

○「靴は脱ぎっぱなしにしないで、そろえてね」

子どもがしてほしくないことをしたとき、よく「ひじ」「くつ」など、単語だけで指摘してしまうことがありますが、それでは子どもはどうしたらいいかわからなくなります。

「何をどうするのか」を、ひと言で伝えましょう。

そして、**指示することは一度にひとつまで。余計な感情をはさまない**ようにするのがポイントです。

ただ感情的に怒るより、子どもが動いてくれやすくなりますよ。

5 「こう感じている」という親の感情を素直に伝える

「私（おかあさん）は」を主語にすると、さらに伝わる

「子どもが学校で友達を傷つけてしまった…」

「お友達にケガをさせてしまった」

「子どもから『死ね』と言われた」

そんなとき、あなたはどう対応していますか？

感情的になって、つい、

「なんてことを言うの（するの）!?」

と言ってしまいそうですが、子どもにわかってほしい大切な場面では、**「悲しい」「寂しい」「つらい」「不安」「困っている」といった、私たち親の感情を言葉にし**

たほうが、子どもには伝わります。

感情的になるのではなく、「感情を伝える」というスタンスです。たとえば、

「人を傷つけることを言うのは、おかあさん悲しいよ」

といった言い方です。

連絡もせずに、遅く帰ってきたときはどうでしょう。

×「何やってたのよ！　こんな時間まで！　ふつう連絡くらいするよね⁉」

○「遅くなるときは連絡ちょうだいね。何かあったんじゃないかととっても心配したのよ。遅くなったときは連絡をくれるって約束したのに。約束を守ってもらえなくて、おかあさんは悲しかったよ」

こう言われると、子どもは、

「心配だからこんなことを言われたんだな」

「悲しい思いをさせちゃったんだ」

と受け取ります。ただ単に怒られているというのではなく、素直に「気をつけよう」と思いやすいですね。

自分の気持ちを正直に言葉にできることは、大人になって人間関係を築くうえでも、とても大切なことです。

親が気持ちを伝える習慣を日頃から見せるようにすると、子ども自身のコミュニケーション力も自然に磨かれます。これはやがて生きていく力になります。

また、感情を伝えるときに注意したいことがあります。

それは、次のような子どもを責める言い方をしないことです。

×「なんでおかあさんを悲しませるのよ！」

×「あなたのせいでどれだけ心配したか！」

×「あなたってほんとうに残念ね」

「あなた」を主語にした言い方をすると、受け手は「責められた」という感情をもってしまいます。とくに**「あなたは○○よ」と言われてしまうと、人格否定された気持ちになってしまうので、避けたい**ですね。

気持ちを伝えるときには、ぜひ「私」を主語にして言いましょう。

○**「私は（おかあさんは）こう感じたんだ」**
○**「私は○○と思うよ」**

このように、「私」を主語にして言うと、相手に気持ちが率直に伝わります。あなたの気持ちをわかってもらいやすくなりますし、責められたとは感じません。子どもも、

「そんな気持ちになっちゃったんだ。じゃあ気をつけようかな」

と受けとめやすくなります。

ぜひ実践してみてくださいね。

6 子どもにしてほしいことは親が率先して実行する

子どもは親の真似をする

これは、保育園を経営しているある友人から聞いたことです。

子どもたちがおままごとをしている姿を観察すると、その家の親子関係、夫婦関係がわかると言います。

たとえば、おかあさん役とおとうさん役、子ども役に分かれておままごとをすると、おかあさん役の子がおとうさん役の子に、

「ね〜！　ごはんを食べたら、食器は下げといてね！」

「ゴミ捨ては言われなくてもやってよね！」

と、怒ったようなキツい口調で言い放ったりすることがあるそうです。

反対に、おとうさん役の子が、

「ごはん！」「お茶」

と命令口調で言うことも…。

そんな姿を見ると、子どもたちの家庭でのやりとりがわかるといいます。

母親役、父親役の台本があるわけでもないので、子どもたちは自分の家の親の姿を見て、真似して演じているのですね。


子どもは、親の言うとおりに育つのではなく、するとおりに育つということは前章でもお伝えしました。学ぶことは、まず真似ることからはじまります。

「挨拶をしなさい」

「勉強しなさい」

「人にはやさしく接しなさい」

子どもにこうなってほしいなと思うなら、まず、親である私たちがその姿を見せましょう。私たちがやっているとおりに子どもが育つとしたら…。

なんだか身が引き締まりますね。

7 子どもにはひとりの人間として接する

対等な立場で言葉をかけ、耳を傾けよう

親というのは、どうしても**わが子のことを自分より下の存在だと思ってしまうクセがあります。**

とくに子どもが幼いころは、余計にそう感じるのではないでしょうか。

「私が育てているのだから、親の言うことに従うべき」
「私のほうが人生経験が長いんだから、間違っていない」
「この子はいくつになっても、まだまだ子ども」

こんなふうに、つい上から目線で接してしまうこともあるはずです。

私にもそんな気持ちがありました。

ただ、気をつけたいのは、**たとえ子どもでも、ひとりの人間として接する意識は忘れない**ようにしたいということです。


これは、息子が小学生だったときの、私自身の反省体験です。

私が言ったことに対して、息子から、

「なんでそうしなければいけないの？」

と言われたとき、

「いいから言うとおりにすればいいのよ！」

とイラッとして言葉をぶつけてしまったことがあります。

息子が自分の言うとおりにならないイラ立ちをぶつけてしまったのです。

そのとき、息子は黙ってムスッとした顔をしていました。

私の中に、
「言っても子どもだから、どうせわからない」
「私のほうが長く生きているんだから、言うとおりにすればいい」

「なんで反発するの⁉」

といった思いがあって、つい上から抑えつけてしまったんですね。


どんなに小さくても、子どもにも意志があります。


「どうして？」「なんで？」

と聞かれたら、

「なんでこうしてほしいと思ったのか」

をわかるように説明してあげたり、

「なんでそう思うの？」

「どうすればいいと思う？」

と、息子自身が何を考えているのか、もっと耳を傾けるべきでした。

もし子どもが意見を言ってきて、その言い分に同意できない場合でも、
「そうか、◯◯くん（ちゃん）はそう思うんだね」
と私たちが話を受けとめてあげたら、

「ぼく（わたし）のことを認めてくれているんだな」

と子どもも安心します。

そのうえで、

「おとうさん（おかあさん）はこう思うから、こうしてほしいんだ」

と話しましょう。

これができると、子どもも「人を尊重する」ということができるようになります。

相手のことを大切にしながら、自分の主張したいことを、しっかり言えるようにもなります。

子どもの自立をうながすことができるのです。

子どもが自立していったほうが、親である私たち自身も安心ですよね。

そのためには、子どもは対等だと思って接するということを、ぜひ習慣にしてみましょう。

8 「無視」は子どもを傷つける

相手にできなくても、何かひと言リアクションしてあげよう

子どもが何か話しかけてきたり、一生懸命アピールしてきたとき、つい無視してしまうことはありませんか？　忙しいと相手をしていられないときもありますね。

愛情の反対は憎しみだと思いがちですが、じつは**愛情の反対は無視・無関心**ともいわれています。

たとえば、子どもが反抗的で言うことを聞かないとき、思いどおりに動いてくれないとき、仕事や家事に忙しくて余裕がないとき。

「もう知らないからね!!」と怒って子どものことを無視してしまったり、子どもが

話しかけても無反応だったり、顔を合わせなかったり、「あっちに行って！」と遠ざけたり…。

こんなとき、じつは子どもはとても傷つきます。

ひどい言葉を言われるより、無視されるほうが、自分の存在を否定されたような気持ちになって深く傷ついてしまうのです。無視されるのがイヤで、親の顔色をうかがうようになってしまうケースもあります。

子どもが何かアピールしてきたときには、疲れているときでも、

「いまちょっと手が離せないの。待ってて」

「あとで聞くね」

となんらかのリアクションを返してあげましょう。

すぐに相手ができなくても、子どもの心に安心感がわくはずです。

9 子どもからの反抗には過剰反応しない

自我の芽生えだと受けとめればＯＫ

「子どもが何でもイヤイヤ言うのでどうにかなりそうです！」

「いちいち反抗するのでイラッとします！」

「何か聞いても『別に！』と不機嫌な態度をされてムカッとしてしまいます」

こんなおかあさんたちの悲鳴を、何度聞いたかわかりません。

イヤイヤ期、反抗期といわれる時期は、子どもの反応や態度に、こちらもついイライラしてしまうもの。

でも、**親にとっては困るイヤイヤ期や反抗期は、じつは自我が芽生えている証。**

大人になる過程でもあり、不安を抱えたり、ホルモンのバランスが崩れる時期でもあるため、この時期の子どもはイライラしやすいといわれています。

つまり、**どんなに一生懸命子育てしていても、私たちにはコントロール不能なこと**なのです。そんなときには、

「イヤイヤ期だからしょうがない」

「出た！　反抗モード！」

と受け取ってしまいましょう。

いちいち反応していると、売り言葉に買い言葉になるだけなので、

「あ。そう。じゃあとにかくやっておいてね」

などと、過剰反応しないで聞き流してしまうか、

「部屋が汚いから片づけなさいね」

と言うことを繰り返すだけにしてはどうでしょう。

ひどいことを言われて聞き流すことができない場合には、

「そんな言い方されると、おかあさんは傷つくな」

とだけ言って、切り上げてしまうのがいいでしょう。

10 叱るときはひとつのことだけにする

あれこれ言われても、子どもは覚えていられない

「どう叱ったらいいかわからないんです」

「同じことを何度言っても言うことを聞いてくれないんですが…」

「叱りすぎていないか心配なんです…」

…など、叱り方については、本当にたくさんの相談を受けます。


まず、一番押さえておきたいこと。

それは、叱るときは一度にひとつにするということです。

あれもこれも言ってしまうと、子どもは何について言われているのかがわからなくなってしまうからです。

私自身も息子に言われたことがあります。

「おかあさん、いま『部屋の掃除をしろ！』って言っていたのに、学校の勉強の話や朝早く起きないという話に変わったよ。言っていることがずれてるよ」

…思わず反省しました。

怒りはじめると、つい「この際だからあれもこれも言ってしまえ！」と、とまらなくなってしまいがちですが、**叱るときは「一度にひとつ」**と決めましょう。

ひとつのことを言ったら、句読点の「。」でとめてみる。そのあと、たとえば、「言葉を続けないよう深呼吸してみる」と決めてもいいですね。

「ゲームは1日1時間って約束したでしょ。守ってね」

「脱いだ靴はそろえてね」

「飲んだあとのペットボトルは、置きっぱしにしないでゴミ箱に捨ててね」

こんなふうに、一度に言うことはひとつだけにすれば、子どもも受け取りやすくなりますよ。

叱り方で気をつけたいこと

何をどうしてほしいかを、かならず伝えよう

よく質問を受ける叱り方について、ポイントを一覧にしました。ぜひ参考にしてみてください。

控えたい叱り方

× おおげさな表現を使う…事実ではない分、子どもが反発する

「いつもそうだよね」

「何もかもあなたのせいよ」

「一度も私の言うことを素直に聞いたことがないよね」

×「なぜ？」で責める…言われたほうは、責められた気持ちしか残らない

「なんでそんなことするの？」

「なぜ言われたとおりにしなかったの？」

×人格否定をする…子どもが深く傷つく

「ほんとだらしない子ね」

「使えないわね」

「とろいわね」

「あなたみたいな子はウチの子じゃない」

「あなたなんて産まなければよかった」

×突き放す言葉を言う…見放された気持ちになる

「出て行きなさい！」

「もうあなたなんて知らない！」

× 恐怖で言うこと聞かせようとする…子どもが反発したり、萎縮したりする

「言うこと聞かなかったら夕飯抜きだからね」

「今度やったら出て行ってもらうからね」

× 過去を引っ張り出す…子どもは覚えていないことが多い

「前にも言ったよね」

叱り方のポイント

○ 一度にひとつのことだけ伝える

「□□のときには、△△してね」

○ どのようにすればいいのか、具体的な表現で伝える
「□□のときには、時間を守ってほしいの」
「本は床に置かないで机の上に置くか、本棚にしまってね」

○ 「なぜ」という理由・目的を理解できるように伝える
「これをしないと□□に迷惑をかけてしまうから」

○ 「わかってもらえる」と信じて向き合う

○ 機嫌がいいときと悪いときで基準を変えない

Part 5

ケース別
親子関係がぐっとよくなる「言葉がけ」

ケース1

気が散って、言われたこととは別のことをはじめてしまう…

禁止するより「してほしいこと」を伝えよう

「うちの子は気が散りやすいんです…」

という相談をよく受けることがあります。

でも、**気が散ることは大人にもあること**だと思いませんか？

私自身も、本棚を片づけている間に懐かしい本を見つけてしまい、つい読みふけってしまうことがあります。

子どもに、

「宿題をやりなさいね」

と言って始めたのに、机の上にあったマンガに目が向いて読みはじめている…。

「ごはんを食べてね」

と言っているのにテレビに夢中になって、ちっとも食事が進んでいない…。

よくあることですよね（笑）。


こんなときには、**先に「してほしいこと」を話す**ようにしましょう。

「宿題を先にやってね。マンガはそのあとね」

「ごはんを先に食べてね。テレビはあとでね」


「テレビを観ないで」「マンガを読まないで」という**禁止の言葉で言うよりも、「どうしてほしいのか」という要望を話したほうが、子どもは動きやすくなります。**

また、テレビもマンガも禁止するわけではない場合は、

「○○のあとだったらいいよ」

と言ったほうが、子どもとしても受け入れやすくなりますよ。

ケース2

忙しいときに限って、どうでもいいことに不平不満を言う

一度受けとめてから「あとで聞くからね」と伝えよう

「やっぱり、この洋服じゃ気に入らないから出かけたくない！　着替えたい！」

子どもと出かけようと思ったとき、とくに女の子がグズグズ言ってくるという相談を受けることがあります。

親にすれば、たいして気にならないことですし、「これに着替えたい」と言う服とあまり変わりはないように感じる分、

「それよりも、こっちは出かける前の準備で忙しいんだから、そんなことでいちいち文句を言わないで‼」

「も～うるさいわね！　なんだっていいじゃないの！」

と怒ってしまうことがあるのではないでしょうか。

慌ただしく夕食のしたくをしているときに、子どもが学校の友達の文句をぶつぶつ言いはじめて、

「そんな話はあとにして！」

と言うと、すねて余計に言うことを聞かなくなる…という話も耳にします。

ちゃんと聞いてあげられる余裕がないときには、「時間があるときに聞ける」ということを、子どもにわかってもらえるように伝えましょう。

「いまは食事のしたくを早くしなくちゃいけなくてゆっくり聞いてあげられないから、あとで聞くね」

それでもグズったりダダをこねたら、そのときはそっとしておきましょう。

もし服が気に入らないとグズったときには、

「その服はイヤなのね」

と受けとめつつ、こう言います。

「あと5分で出かけるけど、着替えられるなら着替えてね」

本当に時間がないときには、

「もう出かけないと間に合わないから、今度着ようね」

と言って、家を出てしまっていいでしょう。


理解できる年齢なら、いま出かけなければ困る理由も話しましょう。

「おかあさん、この時間にあなたと一緒におうちを出ないと、遅れてはいけない仕事に大遅刻しちゃうんだ。いろんな人に迷惑をかけてしまうから、5分後には一緒におうちを出てほしいんだ」

一度受けとめたほうが、子どもは親が自分の話に耳を傾けてくれますよ。

子どもがグズったら…

子どもに怒鳴る

一度は子どもの言葉を受けとめる

ケース3

親から見たらバレバレなのにウソをつく…なんで??

ウソは成長の証!

ウソをつかれるのはショックですよね。

ウソをつくような人にはなってほしくないと思ってしまいますし、ウソをつくような子だと親として困ります。裏切られた気持ちがわくこともあるでしょう。

だからこそ、なおさら頭に血がのぼって、
「なんでウソをつくのよ! そんな子に育てた覚えはないわよ! 最低!」
私も息子にウソをつかれて、瞬間的にそう言ってしまったことがあります…。

●宿題をやっていないのに、「やった」と言う

●歯を磨いていないのに、聞くと「磨いた」と言う
●耳鼻科でもらった中耳炎の薬を飲んでいないのに、「飲んだよ」と言う
●部屋を片づけてから出かけてね、と言ったのに「片づけた」と言う

いろいろなおかあさんから、子どものウソについての悩みを聞きます。

ただ、ウソをつくのは、誰でもしてしまうこと。

私たち親も、子どものときにはいろいろなウソをついてきたはずです。

ウソをつくことも、成長しているひとつのプロセスだととらえてもいいのかもしれません。


大切なのは、許容できるウソとできないウソがあるということ。子どものウソの度合いによって、対応を変えましょう。

私も、息子が大学生のときにとても大事なことでウソをついたので、怒らずに「なぜウソをついたのか」とゆっくり話を聞いたことがありました。息子の言い分は、母親の私に心配をかけたくなかったということでした。

私はそのとき、

「心配をかけたくなかったという気持ちはわかるよ。でも、ウソだとわかったとき、そのほうがとってもショックだよ」

「これからは正直に言ってほしいな。そのほうがうれしいな」

と言いました。

もし**ウソをつかれたら、相手はどんな気持ちになるのかを、子どもに伝える**といいかもしれません。

ウソをつくことで相手がどういう気持ちになってしまうのかがわかると、「次からは気をつけよう」と思いやすくなります。

息子が高校生、大学生になったときは、

「相手のためにつくウソというのはあると思うよ。でも保身のためのウソはダメ。信頼されなくなることもあるから」

と話しました。これを言ったときの息子は黙ってうなずいただけでしたが、ちゃんと理解してくれたと思います。

「ウソをつくなんて最低！」

と**感情的に言ってしまうと、怒られたくなくて、子どもはますますウソをつくようになってしまいます**から、避けたいところです。

許容できるウソとできないウソを、私はこんなふうに分けています。

○許容できるウソ（子どもによくあるウソ）

- **「ゲームはやっていない」と言うのに実際はゲームをしていた**
- **日々の生活の習慣を忘れたのに「やった」と言う**

×見逃してはいけないウソ

- **自分がしたことなのに、人のせいにする**

「自分がやったことを人のせいにするのは、やってはいけないし、卑怯なことだよ。やったことを『ごめんなさい』と正直に謝ってくれるほうが、おかあさんはいいなぁと思うよ」

●塾やお稽古ごとに行っていないのに「行った」と言う

(イヤイヤ通っている場合)
「すごく心配したよ。行きたくなかった理由って、何かあったの? あったら教えてほしいな」

(自分からやりたいと言ってはじめた場合)
「あなたが『やりたい』って言ってはじめたことだから、行かせたんだよ。月謝を払っていることもわかってね。続けられることじゃないと、お金を出せないよ」

一つひとつのウソに目くじらを立てていると、私たちもしんどくなってしまいます。**「ウソも成長のひとつ」ととらえて、ついてはいけないウソにだけは親として意見を伝える**。そんなスタンスでいたいですね。

ウソをつかれたら…

真剣に話そう

たびたび繰り返しても、その都度話そう

ケース4

勉強や宿題をまったくやろうとしない…

「今日の宿題はなに？」「何時からはじめる？」と問いかけよう

「うちの子は、言われないと宿題をやらないんです。それが毎日のイライラの原因です！」

という相談をとても多く受けます。

宿題をやらないで学校に行かせてしまうと子どもも怒られるでしょうし、やらせなかった親の責任を問われるでしょう。子どもはもちろん、親も恥ずかしい思いをしますね。

「勉強しなければ先々が心配だし…」

「そもそも宿題をやるのは当たり前なのに」

いろいろな思いがかけめぐってしまいます。

こんなとき、言っても逆効果になってしまう声かけがあります。

×「なんでやらないの?」

子どもの声:「なんで?」って言われても…いまやりたくないから

×「何度言ったらわかるのよ!!」

子どもの声:そう言われても…何度かな…と思うだけ

×「○○くんなんて、言われなくても宿題やってるって聞いたわよ」

子どもの声:友達は関係ないし…。こっちはどうせ出来が悪いから…

×「宿題を忘れたら、おかあさんが恥ずかしいじゃないの」

子どもの声:えっ!? おかあさんのための宿題? 外面ばかり気にして、私のことは見てくれないの？　私は恥ずかしい子どもなの？


つい、こんな言い方をしてしまうことはありませんか？

私はよくありました…。

では、どうしたら子どもは宿題に取りかかりやすくなるでしょうか？


まず効果的なのは、「しなさい！」や「なんでやらないの！」という責めるような言葉をやめて、

「今日の宿題は何？」

「宿題はできた？」

「何時からはじめる？」

と問いかけることです。

こんな問いかけなら、強制的にやらせているようにはなりませんし、子どもが行動に移しやすい声がけでもあります。

息子が小学3年生だったとき、宿題をいっこうにやらない彼に、

「宿題は先生との約束だよね」

「約束を破るって、どう思う？」

と考えさせました。それから息子は、

「う～ん」

と考え、少しずつ宿題に取りかかるようになっていきました。

子どもが小学校高学年以上になったら、親がずっと口出しするのではなく、先生に怒られたり、自分が恥ずかしい思いをしたり…という体験をしたほうがいいかもしれません。

そのほうが「自分でなんとかしよう」という自主性が育ちます。

ケース5

親からすれば どうでもいいことにこだわる…

否定せず、「それが大事なんだね」と受けとめてあげよう

「鉛筆の芯はいつもとがっていないとダメ」

「髪型がきまらないとイヤ」

「昆虫コレクションを毎日眺めないと気がすまない」

…と、**子どもは、私たち親からしたらどうでもいいようなことにこだわる**ところがありますよね。

こんなとき、

「そんなこと、どうでもいいじゃないの！」

「なんで、そんなつまらないことにこだわるの⁉」

と怒ってしまうと、子どもも意固地になったりイライラしてしまいます。

「こだわり」は、子どもにとって大事な「べき」。それを**否定されると**、**「ぼく（わたし）のことをわかってもらえないんだ」と受け取ってしまう**からです。

どんなことであっても、

「それが大事なのね」

「そうしたいのね」

といったんは受けとめましょう。わざわざ否定はしません。

子どもにもゆずれない「べき」があります。

その「べき」を受けとめることなくこちらの言い分だけを主張しても、子どもは納得できませんね。

たとえば、「鉛筆の芯がとがっていないとイヤだ」といったこだわりについては、とくに否定することなく、本人の好きにさせればいいでしょう。

髪型や着て行く服や趣味などには、本人が強いポリシーをもっている場合があるため、

「好きな髪型があるのね。こだわるのはいいけれど、約束の時間に間に合うように、時間は守ってね」

と**受けとめて、守ってほしいことだけは伝える**ようにしましょう。

余裕がないとき、興味がないときは「そうなんだ」と受けとめるだけでも、余裕があるときは、

「どうしてそれを気に入っているの?」

と聞き出してみてください。聞いてみたときに、子どもから、

「髪型が気に入っていると、一日を気持ちよく過ごせるんだ」

と言われたらどうでしょう? **理由がわかることで、子どもの気持ちにも共感しやすくなる**のではないでしょうか。

このやりとりをすることが、子どもとの関係がよくなるきっかけにもなります。

忙しい毎日ではありますが、私たちにも好きなものと嫌いなものがあるように、子どもの「こだわり」をあたたかく受けとめたいですね。

ケース6

電車の中などで公共のルールを守れない

なぜいけないのか、理由を説明しよう

公共の場でマナー、ルールを守れないと、

「ちゃんとしつけができていないダメな親と思われないかな…」

と、つい気になってしまいますよね。

まわりから冷たい視線を浴びるのも、つらいものがあります。

電車やバス、レストランなどで子どもが騒いだとき、周囲に迷惑をかけるのがイヤで、つい怒りすぎてしまうことはありませんか?

でも、**ヒステリックに大声で怒ると、さらに子どもが泣いて余計に大騒ぎする**ことに…。私にも思い当たることがあります…。

こんなときにしたくないのは、

「何をやってるのよ！　静かにしなさい！　恥ずかしいじゃないの〜！」

と言ったり、いきなり手を上げたりすることです。

激しく怒りすぎると、子どもには「怒られた！」という記憶しか残らない可能性があります。


「ちゃんとしないと、ほかの人に怒られるわよ」

といった言い方も避けたほうがいいですね。

「その人がいないところならやってもいいのか」

と、子どもが間違った理解をしてしまうかもしれないからです。


5歳ぐらいまでの小さい子どもの場合は、そもそもなぜそれがいけないのかがわかっていないことがあります。

ですから、こんなふうに話してほしいのです。

「電車の中は静かにするところなの」
「走りまわると、急に揺れることもあるから危ないのよ。自分がケガをすることもあるし、誰かにぶつかってほかの人がケガをすることもあるよ」
「図書館では静かにね。みんなが本を読むところなの。うるさくすると、まわりの人たちが気になって、本を読めなくなっちゃうからね」

公共のマナーを守ってほしいときは、それをすることによって相手がどう思うかを理解してもらうように伝えましょう。

それをされると、まわりの人たちはどんな気持ちになるのか、どんな迷惑をかけることになるのか。そこまで伝えるようにすると、相手の気持ちや周囲のことも考えられる子になっていきます。

それでも言うことを聞かなかった場合には
「これをされると、◯◯ちゃんとは一緒に出かけられなくなっちゃうな」
と話したり、

「聞いてもらえないのは、おかあさんは悲しいよ」

と、**おかあさん自身の気持ちを伝えてみてください。**

一度では直らなくても、何度か言っているうちによくなっていくケースがあります。根気強く言い続けましょう。


こちらが注意したあとで、子どもが言われたように動いたときには、

「聞いてくれてありがとう」

とお礼を言ってください。

おかあさんに喜ばれるのは、子どもにとってうれしいことなので、いい行動が定着していくようになります。

ケース7

いつまでたってもゲームをやめない

子どもと相談してルールを決めよう

「ゲームをしはじめると、ついついやめられなくなってしまう…」

「あともう少しでクリアするところだから、もうちょっと…」

「あ〜負けてしまった！　今度こそ！」


これは子どもだけではないかもしれません。


なぜそんなに夢中になるのか、息子のゲームを私も試しにやってみたところ、「やめられなくなる気持ちもわかるなぁ」と思ったことがあります。

…とはいうものの、長時間熱中されるのも困ってしまいますね。

子どもに注意しても、

「うるさいな‼」

と言い返してきたり、親に見つからないように隠れてやっていたり…となると、ますます頭にきて、怒りも倍増してしまいますよね。


何度言ってもやめない子どもにカーッとして、

「何度言ってもやめないんだったら 貸しなさい‼」と、ゲーム機をフローリングの床にたたきつけて壊してしまって後悔した…というおかあさんの話も聞いたことがあります。そのおかあさんは、

「あのゲーム機、高かったんだけどな…それに子どもにはモノを大切にしなさい、って言っているのに説得力ないよね…」

とつぶやいていました。


もし、絶対にゲームをしてはいけないというわけではないのなら、**なぜゲームを長時間してはいけないのか、どのくらいの時間までならＯＫなのか、一度子ど**

もと話し合ってみてはいかがでしょうか。

たとえば、

「ゲームをしすぎると…目によくないんだよ」

「夜眠れなくなることがあるんだよ」

「頭が痛くなる人もいたりするし、身体にも悪いんだよ」

などと理由を伝え、

「1日○時間まで」とルールを決めましょう。

そのとき、きっかり○時間とするよりも、多少時間がオーバーしても大目に見てあげてください。ゲームオーバーになるなど、区切りのいいタイミングがあるので、そこで終わりにしてあげたほうが、子どもも気持ちよく終えられます。

「1時間まで」と決めたとき、その時間がきたらいきなり取りあげるのではなく、終わる5分前に声かけをしたり、「終わりよ！」と声をかけてからキリのいいところで終わらせるという余裕をもちましょう。

「もし守れなかったら、3日間禁止」

といったルールを決めてもいいでしょう。


避けたいのは、ゲーム機で遊んでいるとおとなしいからといって、親にとって都合のよいときだけ長時間遊んでOKにすることです。


一度決めたルールは、ぶれないようにしましょう。

親の言っていることが毎回違うと、「また違うことを言ってる」と言うことを聞き流してしまうようになります。


もっともいいのは、バーチャルのゲームの世界より、現実の世界のほうがずっと楽しいしおもしろいと思わせることです。そうすれば、ゲームに依存することもなくなるかもしれません。

日頃から一緒に外に出かけたり、好きなものに触れさせたり…ということをしていると、ゲームではないものに夢中になれる可能性が広がります。

リアルの体験をさせてあげるのもいいですね。

ケース8

わざと汚い言葉や乱暴な言葉を使う

人を傷つける「絶対に言ってはいけない言葉」以外は大目に見よう

子どもの使う汚い言葉や乱暴な言葉…。とくに男の子のおかあさんは日々悩まされているのではないでしょうか。

「親にしてみれば、そんな言葉を使うなんて!」

と**眉をひそめてしまうような汚い言葉を、子どもは喜んで使う**ところがあります。「ちんちん」「おしり」「うんち」などが定番でしょうか(笑)。

子どもが汚い言葉を使ったとき、親が反応して、

「やめなさい!」

と言うと、ますます大きな声で言ったり…。さらに親が

「や、め、な、さ、い!!!」

と怒鳴ると、余計に調子に乗って何度も言う…。

この繰り返し…なんていうことはないでしょうか。


子どもは親が反応するから喜んで言うのです。

周囲の気を引くために言っているだけなんです。

私の息子も、5歳ぐらいのころ、

「チンチンぶらぶらソーセージ〜」

という言葉がお気に入りでした。

周囲の友達やおかあさんたちが喜ぶと、さらに大きな声で連呼する…という状態でした。


でも、小学校高学年になるころには、「そんなことを言っていたら恥ずかしい」

ということが、自分でわかるようになってきます。

いつまでも言っているわけではないので問題ありません。

大人になってからも、「うんち」「ちんちん」と言う人はいませんよね（笑）。

ですから、子どもにはそういうことを言う時期もあると割り切ってもいいでしょう。

ただし、**怒ったほうがいいのは「死ね」「きもい」といった、人を傷つける言葉を言ったとき**です。もしそんな発言が出たら、**「あなたがそんなことを言われたら、どう思うの？」と聞き返してみてください。**

6年生のときだったか、息子が学校から帰ってきて、

「今日、○○くんとケンカしたんだけどさ、『死ね！』って言ったら泣いちゃった」

と言ったので、真剣に叱ったことがあります。

「『死ぬ』とか『殺す』とか、命に関わることは絶対に言っちゃいけない言葉だよ。あなたがそう言われたら、どう思うの？」

と、自分だったらどう思うのかを考えさせました。

「傷つくし、悲しい…」

と息子。

「そうだよね。いくらケンカしても、命に関わる言葉や傷つける言葉は言ってはいけないよね」

こんなやりとりをしたのを覚えています。

ほかにも「○○人のくせに」と、外国の子どもに言うことも、私は厳しく注意しました。

「人を差別するような言葉は、絶対に言ってはいけないよ」

このように、**叱る、叱らないの境界線を明確にしておく**といいかもしれません。

子どもが汚い言葉を使うころには、**私たち親自身の言葉を見直してみる**のもいいですね。たとえば、親が「うざい」「きもい」という言葉を使っていたら、子どもも真似をします。

子どものフリ見て、わがフリ直しましょう。

ケース9

時間を守らずだらだらする

誰にどんな迷惑がかかるのかを伝えよう

「朝起きる時間を守らない」
「寝る時間を守らない」
「ゲームをする（テレビを観る）時間を守らない」
「帰宅時間を守らない」
「『○時までに準備をして』と言ったのに守らない」

よくあることではないでしょうか…。

約束した時間を守ってもらえないとイライラしますよね。

こんな例があります。

小学3年生の息子さんは、授業が終わると、放課後に毎日、校庭で友達と遊んでいました。ただ、習い事がある日は、おかあさんが車で送っていかなければならないし、遅れるわけにはいきません。

「毎回、○時には帰ってきなさい」

と言っているのに、頻繁に10分も15分も約束の時間に遅れるのです。そのたびに、

「まったく！　なんであなたは時間を守れないのよ！　毎回遅れるよね⁉　サッカーに行きたくないの？　誰のための習い事だと思っているのよ。遅れたらおかあさんも謝らなければいけないじゃないの～～‼」

と車の中で毎回怒る…。息子さんは、

「だって…友達と遊んでいるのも楽しいし。途中で帰るって言いにくいし…」

といつも言い訳ばかり。

おかあさんは、そのことを思い出してイライラしながら話してくれました。

叱ることは、今後どうしてほしいかをわかってもらうことです。

「なんで？」と責め、「毎回」と決めつけ、「誰のため？　あなたのために私が……」と感情をぶつけてしまう言い方では、息子さんは結局どうするのがいいのかわからないのです。

では、どういう言い方なら、伝わりやすいでしょうか。

「時間を守ってもらえないと、どうしちゃったのか、おかあさんもコーチも心配になるのよ」

「遅れるとサッカー教室にも迷惑をかけるよ。みんなが時間にはじめられないし、途中から入ることで、みんなのペースを崩すことにもなってしまうよ」

「もしサッカーを続けたいのであれば、これからどうしたらいいかを考えよう」

こんなふうに、**決められた時間を守らないと、どのように迷惑をかけるのかをわかってもらえるように説明する**のがおすすめです。

ただ、**何もかも時間で縛ってしまうのも窮屈に感じてしまうので、「この時間だけは守ろう！」というものを決めてもいい**のではないでしょうか。

たとえば、家族とのお出かけや眠りにつく時間、宿題に取りかかる時間などは、多少ずれてもよしとする。でも、学校の行事や習い事や友達との約束の時間はしっかり守るようにする。

こんなふうにメリハリをつけていると、子どもも約束を守りやすくなります。

そして何より、親自身も時間を守るという見本を見せることを忘れずにいたいものです。

ケース10

子どものいい行動を伸ばす声がけをしたい

できたことを一緒に喜び、役立ってくれたときは「ありがとう」の言葉を！

ダメ出しという言葉があります。

できていないところに目を向けて、つい理想とする姿、完璧な状態と比べて「もっとこうだったらいいのに…」「こうあってほしかったのに、なんで…」という思いから、ついダメ出しをしてしまうのです。

「なんで○○しないの！」

「○○しなくちゃダメでしょ」

というのも、ダメ出しの一種ですね。

「勇気づけの心理学」といわれるアドラー心理学では、いいところも悪いところも、注目されたところが、より強化されるといいます。

ダメなところばかりに目を向けて指摘し続けると、そこが強化されてしまうということです。怖いことですよね。

たとえば、

「もう何をやらせてもトロいわね」

「時間が守れないのね」

「字が汚いわね」

と言うと、

「そうか、私（ボク）は、そうなんだ」

という思いが強くなり、何をさせても余計にのろのろしたり、時間を守らなかったり、字が汚くなったり…ということが起こってしまうのです。

ぜひ、**ダメ出しではなくヨイ出し**をしましょう。

そう言った瞬間に、

「そんな…ヨイところなんて…」

と戸惑うおかあさんがいますが、当たり前のことでいいのです。

親から見て、「これはできて当然」と思うようなことでかまいません。

例

- **脱いだパジャマをたたむ**
- **近所の人に、すすんで元気にあいさつができる**
- **朝は起こさなくても起きられるようになった**
- **朝のゴミ捨ての手伝いをしてくれる**
- **絵（工作）が上手**
- **算数が得意　など…**

そして、できたときには、ぜひこんな言葉をかけてあげてください。

「ありがとう。助かった！」

「できるようになって、おかあさんもうれしい」
「次のテストに向けて、勉強をがんばってるね」
「部活の朝練、毎朝がんばってるね」
「明るくていいあいさつだね」

子どもと同じ目線、対等の関係性で、できたことやがんばっていることを一緒に喜んだり、「ありがとう」という感謝の気持ちを言葉にしたほうが、「ようし！ もっとやろう！」と、子どもも素直に受け取ることができます。

共感してもらえること、感謝してもらえることは、子どもも大人も、されるとうれしい振る舞いです。心がけたいですね。

ケース11

子どもに動いてもらえる頼み方をしたい

「○○してくれると助かるな」と言おう

前ページでも触れたように、

「ありがとう」

と言われると、私たちはつい動きたくなりますね。

子どもも同じです。子どもがしてくれたことが、家族にとってとてもうれしいことで、役に立っているということがわかると、「もっとやろう」と自然に思えます。

「食事の後に、お皿を下げてくれてありがとう」

「妹（弟）の面倒を見てくれて、とっても助かる。ありがとう」

誰かの役に立てたと思うと、人はやる気になり、積極的に貢献しようとします。

「だらだらしていないで、たまには手伝いなさいよ！」

つい、言ってしまいがちですが、「○○しなさい！」という命令口調ではなく、

「○○してくれないかな」

「○○してくれると助かるな」

と言われたほうが、子どもも受け取りやすくなります。


子どもが小さいうちは、一緒に楽しみながらやってもいいですね。


「一緒にやってほしいな」と声をかけたり、

「どっちが早く片づけられるか、おかあさんと競争しようか！」と、ゲーム形式にするのもおすすめです。


洗濯物をたたむのを教えながら、「折り紙みたいだね」と遊びになぞらえてもいいですね。そして、やってもらったら、

「助かっちゃった！」

「いつもありがとうね」

と言いましょう。きっと張り切ってお手伝いしてくれるようになりますよ。

番外

世間の「母親はこうあるべき」という言葉に苦しんだときには…

どうしても許せないこと以外は、割り切ってしまおう

「子どもが小さいうちは、そばにいるべき」
「子育てに専念するべき」
「働いている母親の子どもはかわいそう」
「おかあさんが働いていて、勉強や宿題を見てあげることができないから勉強が遅れる」

こんなふうに、**世間が押しつける理想の母親像に苦しめられる**ことはありませんか？

私は子育てしながらずっと働いてきたのですが、いろいろなことを言われて、何

度も傷ついたことがあります。

「母親とはこうあるべき」

と、周囲から傷つくようことを言われたときには、どうすればいいでしょうか。

それは、**過剰反応しない**ことです。


「なんてことを言うんですか⁉」

「あなたには関係ないですよね。放っておいてください！」

と、カッときて言い返したり、

「やっぱりかわいそうなのかな…」

と引きずって落ち込んだり、

「あんなことを言うあの人がいけない！」

「いつか言い返してやりたい！」

とずっと思い続けていると、怒りの渦中に自分を置くことになってしまいます。

私自身が、

「母親が働いている子どもはかわいそう（母親は働くべきではない）」

「ひとりっ子だとかわいそう（兄弟をつくるべき）」

と言われたときには、

「それは、**その言葉を言ってきた人の『べき』であって、世の中みんなの『べき』ではない**な」

と思い、聞き流すようにしました。


ただ、子どもにまで被害が及びそうになったときには、聞き流せないなと思って、反論したことがあります。

息子が5歳くらいのとき、仕事先で、ある年配の男性（50代後半）が、

「お子さん、まだ小さいんでしょ。おかあさんが働いていると、子どもがグレて、ろくな子にならないよ」

と言ってきたのです。そのとき私は、

「いまの言葉は母親としてショックです。私が働くことは家族同意のもとですし、家族と協力し合って子育てしています。母親が働いていると、子どもがろくな子に

ならないとまで言われるととても傷つくので、申し訳ないのですがそこまでは言わないでほしいんです」

と伝えました。


聞き流すという選択も、もちろんありですが、

「聞き流したら後悔しそう」

「心にグサッと刺さった」

と思うなら、言ったほうがいいかもしれません。

ただし、**感情的にならず、どういう気持ちになったのか、どうしてほしいのかが伝わるように言いましょう。**

価値観が同じ人ばかりではありませんから、心ない言葉を浴びせられることもあるかもしれません。でもわかってくれる人たちは、ちゃんとわかってくれます。

他人からの一方的な発言に振りまわされないようにしたいですね。

番外

ＰＴＡの集まりに出るのは気が重い…。そんなときには

ネガティブな話には乗っからないようにしよう

「やる気マンマンのおかあさんとの温度差を感じてしまうんです」
「仕切るおかあさんが、いろいろ意見を言うんです」
「リーダーのようなおかあさんには何も言えなくて」
「ほかのおかあさんの悪口やうわさ話に反論したら、今度は自分に攻撃が向けられそうで言えなくて…」

ＰＴＡやおかあさんたちの集まりが憂鬱だという相談は、驚くほどよく受けます。
忙しいなか都合をつけて参加したのに、**どんどん話が脱線してしまうことにストレスを感じたり、そこにいない人の悪口大会になって居心地が悪い思いをしたり**

…。いろいろな思いをしているおかあさんが多いようです。

こんな集まりのときに大切なのは、

●ほかの人の怒りに振りまわされないこと

●集団の圧力に惑わされないこと

です。

たとえば、あるおかあさんの、

「○○さんって、自分勝手よね。自分のことしか考えていないのよね」

「そうそう、○○さんってそうなのよ～」

と悪口大会になったとき、あなたならどうしますか？

思ってもいないのに、

「○○さんって、そういうところがあるんですよね～」

「おかしいですよね。それはひどい！」

と同調してしまったら、「○○さんが言ってたよ」と悪口を言ったことにされてしまいます。かといって、

「そんなことを言うなんて、ひどいと思います！」

とケンカ腰で言うと、敵だらけになってしまいそうですね。

あからさまに反対はできないと思うなら、せめて同調だけはしないようにしましょう。

「そういうことがあったんですね」と受け流すだけで十分です。

もし立ち去ることができるタイミングであれば、「用事があるので」と言ってその場を去ってもいいでしょう。

女性同士の会話の場合には、話があちこち広がりやすいという傾向があるので、どうしても仕事の打ち合わせや会議のようにスピーディーにはいかないかもしれません。

でも、とにかく、ネガティブな話にだけは乗っからないようにしましょう。

それだけでも、余計な心労は減るのではないでしょうか。

悩んでいるのはみんな一緒

肩の力を抜いていこう

あるとき、息子と数人の友達の会話にこっそり耳を傾けたところ、「どこの家のおかあさんが一番恐ろしいか大会」を催していました。

「ぼくんちなんて、ボールペンをへし折ったんだぜ」

「うちのかあちゃんは、エアコンのリモコンを投げつけたんだぜ」

「うちは、ゲームボーイを踏んづけられたんだよ～」

「おれんちなんて、揚げたての春巻きをぶん投げたんだぜ。当たらないか、ひやひやしちゃったよ！」

聞いていて「どひゃー！」と思いましたが、同時に感じたのは、

「どこの家も同じなんだ〜」

ということ。思わず笑えてきたことを、いまでも思い出します。


子どもたちは、意外に親のことを冷静に観察しているものなんですね。

でも、だからといって、**「おかあさんのことが嫌い」という言葉は、子どもたちの口からは出てこない**のです。


私たち親も人間ですから、あれこれ「やってしまった！」と思うこともあります。でも、そんな葛藤や至らないところも含めて、子どもたちは受けとめてくれているのかもしれません。


悩んでいるのは、どこの家もみんな一緒。

肩の力を抜いていきましょう。

おわりに

息子が小学5年生のとき、私は離婚しました。

当時、息子はとくに感情をあらわにしませんでした。

学校を転校するとき、友達と別れてしまうことには涙したけれど、それ以外で彼が泣く姿を見ていなかったのです。


新しい学校に移ると、友達もすぐにできて、明るく振る舞っていました。

でも、彼の姿を見ていて、

「子どもなりにいろいろ考えているのでは?」

「もしかして私に気をつかって抑え込んでいないのかな」

と心配になって、ある日の夜に、息子に問いかけてみたのです。

「離婚したことで、我慢していることはない？　さびしくて、つらい思いさせてしまったよね？　泣きたかったら、泣いてもいいんだよ」

すると息子はポロッと涙をこぼし、「ウウッ」という声とともに涙を流しながらワーワーと泣き出し

「悲しいよ～！　さびしいよ～！　離婚しちゃって、おとうさんとおかあさんと一緒に暮らせなくなっちゃって…」

と漏らしたのです。私は、

「悲しい思いをさせて申し訳ない…」

という思いと、

「感情を出してくれて、言葉にできてよかった…」

という思いの両方がわいてきて、ただただ息子を黙って抱きしめるしかありませんでした。かなり長い時間そうしていたと思います。

家族として暮らしていると、キレイごとだけではすまされない、いろいろなこ

とが起こります。私たちはみんな完璧ではない人間。

子どもに悲しい思いをさせてしまうこともありますし、反対に私たちが悲しい思いをすることもありますね。

そんなとき、**見なかったフリをするのではなく、隠してしまうのでもなく、大事なことこそ吐き出し合えたら、家族の絆は強まるのではないでしょうか。**

その後私は再婚し、時間を経て、新しい夫と息子と3人で暮らすようになりました。二人のほのぼのとした背中を見ながら、伝え合うことの大切さを、日々感じています。

私は、自分のことをいい母親とは思えず、子育てでは反省することばかりでした。イライラすることが多く、「アンガーマネジメントをもっと早く、大変だった子育ての真っ最中の頃に知っていればよかった！」と思うひとりでしたから（笑）。

そんな私に、「親向けのアンガーマネジメントの本を書いてほしい」という依頼があったときは本当に驚き、戸惑いました。

「私は子育てについては書く資格がないんです。なにしろアンガーマネジメントができていない親でしたし、見本となる子育てはしていませんから」

と一度はお断りをしたのですが、

「そういう戸田さんだからこそ、書けることがたくさんあるはずです。いいおかあさんの話を書いてほしいとは思っていません」

と熱く語る担当編集者さんの言葉と熱意に心を動かされました。

そして、私の経験や、よく相談を受ける事例を含めたこの本が、多くの子育て中のおかあさんのお役に立てるのであればと思い、お引き受けすることにしました。

研修や講演の場で、

「アンガーマネジメントを知ることで、気持ちがとってもラクになった！」

というおかあさんたちの声を聴くたびに、とてもうれしく思います。

この本を通して、そんなおかあさんたちが、もっともっと増えればと願っています。

このような新たなチャレンジの機会をくださった青春出版社プライム涌光の岩橋陽二さんに、改めて感謝いたします。

また、岩橋さんと一緒に強く強く私の背中を押し、今回も私を勇気づけ、伴走してくださった出版のパートナーである株式会社サイラスコンサルティングの星野友絵さん、今回もかわいいイラストを描いてくださったイラストレーターの石山沙蘭さん。

アンガーマネジメントの指導をしてくださる日本アンガーマネジメント協会の安藤俊介代表理事、ありがとうございました。

最後に、執筆のときに見守ってくれる大切な家族である夫、息子に。今回もありがとう。

２０１７年９月　戸田久実

著者紹介

戸田久実
（とだ くみ）
アドット・コミュニケーション株式会社代表取締役。一般社団法人日本アンガーマネジメント協会理事。大学卒業後、民間企業にて営業、社長秘書として勤務。現在は研修講師として民間企業、官公庁の研修・講演の講師の仕事を歴任。対象は新入社員から管理職まで幅広く、相互信頼をベースにした「伝わるコミュニケーション」をテーマに「アンガーマネジメント」「アサーティブコミュニケーション」「クレーム対応」「プレゼンテーション」「インストラクター養成」「女性リーダー研修」など多岐にわたる研修や講演を実施。講師歴は26年。登壇数は3000を超え、指導人数は10万人に及ぶ。

「つい怒《おこ》ってしまう」がなくなる
子育《こそだ》てのアンガーマネジメント

2017年9月20日　第1刷

著　　者　戸《と》田《だ》久《く》実《み》

発 行 者　小澤源太郎

責任編集　株式会社 プライム涌光
電話　編集部　03(3203)2850

発 行 所　株式会社 青春出版社
東京都新宿区若松町12番1号 〒162-0056
振替番号　00190-7-98602
電話　営業部　03(3207)1916

印　刷　中央精版印刷　　製　本　大口製本

万一、落丁、乱丁がありました節は、お取りかえします。
ISBN978-4-413-23055-1 C0037